Leitfaden

für

Zwangsverwalter.

In amtlichem Auftrage verfaßt

von

Dr. Paul Grützmann,
Geh. Justizrat, vortr. Rat.

Leipzig,
Verlag von Veit & Comp.
1901

Druck von Metzger & Wittig in Leipzig.

Vorwort.

Da dieser Leitfaden im Auftrage des Königlich Sächsischen Justizministeriums herausgegeben wird, so ist er zunächst für die von sächsischen Gerichten bestellten Zwangsverwalter bestimmt. Bei der Geringfügigkeit der partikularrechtlichen Verschiedenheiten, die für die Zwangsverwaltung jetzt noch in Betracht kommen, ist aber der Versuch gemacht worden, das Buch so einzurichten, daß es ohne weiteres auch von preußischen und bayerischen Zwangsverwaltern benutzt werden kann. Preußische Verwalter müssen freilich außer ihm die Allgemeine Verfügung zur Hand haben, die der Königlich Preußische Herr Justizminister am 8. Dezember 1899 über die Geschäftsführung der Verwalter, welche bei der Zwangsverwaltung bestellt werden, und über die den Verwaltern zu gewährende Vergütung erlassen hat (Preuß. JMBl. 1899 S. 791 ff.). Immerhin versucht der Leitfaden, auch ihnen Aufklärungen zu geben. Der Verfasser hofft, auf diese Weise jede partikularrechtliche Beschränkung soweit überwunden zu haben, daß der Leitfaden im ganzen Reiche benutzt werden kann.

Einen wissenschaftlichen Zweck hat dieses kleine Buch natürlich nicht. Nur ist es bei der Neuheit der Sache und bei der Zweifelhaftigkeit mancher Fragen zuweilen nicht thunlich gewesen, die aufgestellten Behauptungen ohne Begründung zu lassen. Auch hat sich der Verfasser bemüht, nicht nur Regeln für das Verhalten der Verwalter aufzustellen, sondern auch das Verständnis dieser Regeln zu vermitteln.

Der Verfasser.

Inhalt.

Abkürzungen:

Preuß. Instr. = Allgemeine Verfügung des preußischen Justizministers vom 8. Dezember 1899, JMBl. S. 791 flg.

RGes. = Reichsgesetz über die Zwangsversteigerung und die Zwangsverwaltung.

Erstes Kapitel.

Vorbemerkungen.

§ 1. Der Gläubiger.

Gläubiger ist derjenige, auf dessen Antrag die Zwangsverwaltung angeordnet, oder dessen Beitritt zur Zwangsverwaltung zugelassen worden ist. Der Beschluß, wodurch ein Beitritt zugelassen wird, soll dem Verwalter zugestellt werden (RGes. §§ 15, 27, 146 Abs. 1, 151 Abs. 2). So erfährt dieser, wer beigetreten ist; wer ursprünglich das Verfahren beantragt hat, kann er vom Gericht erfahren. Beides ist für ihn wichtig. Insbesondre hängt davon, wer Gläubiger ist, in mancher Hinsicht der Umfang der Gegenstände ab, auf die sich die Verwaltung erstreckt, und hiervon wieder manche Maßregel des Verwalters (zu vgl. unten § 38 III 2 a).

Mit der Bezeichnung „der Gläubiger" ist im Leitfaden jeder Gläubiger gemeint; nicht nur der erste Antragsteller, sondern auch der beigetretene Gläubiger.

§ 2. Der Schuldner.

Schuldner ist der Eigentümer oder Eigenbesitzer des Grundstücks, gegen den sich der vollstreckbare Titel richtet, welcher der Anordnung des Verfahrens zu Grunde liegt. Eigenbesitzer ist, wer das Grundstück so besitzt, als ob es ihm gehörte (BGB. § 872).

Überträgt der Schuldner, nachdem der Verwaltungsvermerk in das Grundbuch eingetragen ist, das Eigentum oder den Eigenbesitz auf einen Anderen, so wird dennoch das Verfahren gegen ihn selbst fortgesetzt (BGB. §§ 136, 135, 892). Dasselbe gilt, wenigstens im Erfolge, wenn die Beschlagnahme erfolgt war und der Erwerber von ihr oder von dem Antrag auf Zwangsverwaltung Kenntnis hatte (RGes. § 23 Abs. 2 Satz 1); in welchen Formen das verwirklicht wird, braucht hier nicht mitgeteilt zu werden. Auch wenn weder der Verwaltungsvermerk eingetragen war noch der Erwerber die bezeichnete Kenntnis hatte, hindert die nach der Beschlagnahme erfolgte Veräußerung den Fortgang des Verfahrens gegen den ursprünglichen Schuldner nicht immer; es muß aber, wenn sie ihn nicht hindern soll, die Verwaltung wegen eines Anspruchs aus einem eingetragenen Rechte (Hypothek, Grundschuld, Rentenschuld, Reallast) angeordnet sein (RGes. § 26).

In ein und demselben Zwangsverwaltungsverfahren kann es mehrere Schuldner geben: Hat der Schuldner das Grundstück veräußert und tritt dann ein Gläubiger dem Verfahren kraft eines Schuldtitels bei, der gegen den Erwerber gerichtet ist, so ist dem beigetretenen Gläubiger gegenüber der Erwerber der Schuldner.

Dem Schuldner, und zwar jedem Schuldner, hat der Verwalter Rechnung zu legen (unter § 33). Ein Erwerber des Grundstücks, der nicht Schuldner ist, kann zwar am Verfahren so betheiligt sein, daß ihm der Verwalter verantwortlich ist (zu vgl. unten § 7). Einen Anspruch auf Rechnungslegung aber hat ein solcher Erwerber nicht.

§ 3. Die Beschlagnahme.

Die Beschlagnahme liegt in der Anordnung der Verwaltung sowie in der Zulassung eines Beitritts. Jene Anordnung gilt zu Gunsten des ursprünglichen Gläubigers als Beschlagnahme, diese Zulassung zu Gunsten des Beigetretenen.

Wirksam wird die Beschlagnahme, wenn die Anordnung dem Schuldner zugestellt wird, oder wenn das Ersuchen um Eintragung des Verwaltungsvermerks in das Grundbuch dem Grundbuchamte zugeht (RGes. §§ 22, 146 Abs. 1), oder wenn der Verwalter in gesetzmäßiger Weise (unten § 23) den Besitz des Grundstücks erlangt (RGes. § 151 Abs. 1). Zu Gunsten eines beigetretenen Gläubigers wird sie wirksam, wenn dem Schuldner oder, falls der Verwalter das Grundstück schon besitzt, dem Verwalter die Zulassung des Beitritts zugestellt wird (RGes. § 22 Abs. 1, § 146 Abs. 1, § 151 Abs. 2).

Deswegen, weil die Beschlagnahme wirksam geworden ist, wirkt sie noch nicht gegen jedermann. Gegen jedermann wirkt sie erst, wenn der Verwaltungsvermerk eingetragen ist; und auch das gilt nur insoweit, als sie sich auf das Grundstück und auf bewegliche Sachen bezieht. Im übrigen wirkt sie nicht gegen diejenigen, zu deren Gunsten gegen sie verstoßen worden ist, wenn diese nicht von ihr oder von dem Antrag auf Anordnung der Verwaltung Kenntnis gehabt haben (RGes. §§ 23 Abs. 2, 146 Abs. 1, BGB. § 892). Bei beweglichen Sachen, auf welche sich die Beschlagnahme erstreckt, genügt es an Stelle der Kenntnis, wenn die Unkenntnis auf grober Fahrlässigkeit beruht (BGB. §§ 135 Abs. 2, 136, 932 Abs. 2). Erstreckt sich die Beschlagnahme auf eine Forderung (z. B. auf Mietzins), so wird sie gegen den Drittschuldner (z. B. gegen den Mieter) erst wirksam, wenn sie oder der Antrag auf Anordnung der Verwaltung ihm bekannt war, oder wenn ihm ein Zahlungsverbot zugestellt wird (RGes. § 22 Abs. 2 Satz 2, § 23 Abs. 2, § 146 Abs. 1). Das Zahlungsverbot kann auch der Verwalter beantragen (RGes. § 151 Abs. 3). Die Wirkung der Zustellung des Zahlungsverbots kann vor der Zustellung eintreten, wenn der Gläubiger auf Grund eines vollstreckbaren Titels durch den Gerichtsvollzieher dem Schuldner und dem Drittschuldner die Benachrichtigung zustellen läßt, daß das Zahlungsverbot bevorsteht, und zwar mit der Aufforderung an den Drittschuldner, nicht an den Schuldner zu zahlen, und mit der Aufforderung an den Schuldner, sich jeder Verfügung über die Forderung, insbesondere ihrer Einziehung, zu enthalten (RGes. § 146 Abs. 1, § 22 Abs. 2 Satz 3, CPO. § 845). Wenn dann innerhalb drei Wochen das Zahlungsverbot zugestellt wird, so hat das dieselbe Wirkung, als sei es zugleich mit der Zustellung der Benachrichtigung zugestellt worden.

Wird eine ohne Ergebnis gebliebene Zwangsversteigerung als Zwangsverwaltung fortgesetzt, so bleibt die für die Zwangsversteigerung erfolgte Beschlagnahme für die Zwischenzeit wirksam (RGes. § 77). Doch wirkt sie nicht so umfassend, wie die Beschlagnahme für die Zwangsverwaltung: Land- und forstwirtschaftliche Erzeugnisse ergreift sie nur, soweit sie noch mit dem Boden verbunden oder Zubehör (§ 12) sind; Entsprechendes gilt von der Forderung aus einer Versicherung solcher Erzeugnisse; den Miet- und Pachtzins sowie die mit dem Eigentum am Grundstücke verbundenen Ansprüche auf wiederkehrende Leistungen ergreift sie überhaupt nicht (RGes. § 21). Ebensowenig ergreift sie, wenn ein Bergbaurecht Gegenstand der Zwangsversteigerung ist, die bereits gewonnenen Mineralien (sächs. Ges. vom 20. Juni 1898 Art. II Nr. 1 § 169 k, GVBl. S. 205; preuß. Ges. vom 23. September 1899 Art. 19, Gesetzsammlung S. 295; bayerisches Ausführungsgesetz zu der Grundbuchordnung u. s. f., vom 9. Juni 1899 Art. 41, Beilage zum Landtagsabschied S. 133). Endlich hindert die für die Zwangsversteigerung erfolgte Beschlagnahme den Schuldner nicht einmal unbedingt an der Verfügung über solche bewegliche Sachen, auf die sie sich erstreckt; innerhalb der Grenzen einer ordentlichen Wirtschaft kann er über solche Sachen auch dem Gläubiger gegenüber wirksam verfügen (RGes. § 23 Abs. 1 Satz 2).

§ 4. Laufende Beträge und Rückstände.

Bei wiederkehrenden Leistungen, derentwegen Befriedigung aus dem Grundstücke verlangt werden kann (z. B. Gesindelohn, öffentlichen Lasten, Hypothekenzinsen, Reallastenleistungen) ist zu unterscheiden zwischen laufenden Beträgen und Rückständen. Die Grenze bildet der letzte Fälligkeitstermin vor der Beschlagnahme. War z. B. die Beschlagnahme am 3. April 1900 wirksam geworden, so sind die am 1. April fällig gewordenen wiederkehrenden Leistungen Rückstände, wenn sie nachzahlungsweise, dagegen laufende Beträge, wenn sie vorauszahlungsweise zu entrichten waren.

Fehlt es innerhalb der letzten zwei Jahre vor der Beschlagnahme an einem Fälligkeitstermine, so bildet der Tag die Grenze, wo die Beschlagnahme wirksam geworden ist. Es kommt aber nicht darauf an, ob eine Leistung vor oder nach der Beschlagnahme fällig geworden, sondern darauf, ob und in wieweit sie auf die Zeit vor oder nach der Beschlagnahme zu rechnen ist (§ 14 Abs. 2 Halbsatz 2 des Entwurfs eines Gesetzes betreffend die Zwangsvollstreckung in das unbewegliche Vermögen).

Liegen mehrere Beschlagnahmen vor (die Anordnung des Verfahrens und Zulassungen von Beitritten), so ist die erste maßgebend (RGes. § 13). Wenn eine ohne Ergebnis gebliebene Zwangsversteigerung als Zwangsverwaltung fortgesetzt wird, so entscheidet die Beschlagnahme im Zwangsversteigerungsverfahren.

Zweites Kapitel.

Der Verwalter.

§ 5. Beginn und Ende des Amts.

I. Der Verwalter wird vom Vollstreckungsgerichte bestellt (RGes. § 150). Eine besondre Form ist dafür nicht vorgeschrieben. Das Gericht wird also einfach die Bestellung beschließen und den Beschluß dem Verwalter bekannt machen. Verpflichtet wird der Verwalter nicht.

Bei der Auswahl des Verwalters ist das Gericht durch keinerlei Bestimmungen gebunden. Es ist aber auch niemand verpflichtet, die Stellung als Verwalter anzunehmen.

Als Legitimation wird dem Verwalter in Sachsen und Preußen eine Ausfertigung des die Verwaltung aussprechenden Beschlusses vom Gerichte ausgehändigt (§ 14 Abs. 1 der sächs. VO. vom 19. Juni 1900, GVBl. S. 321; Preuß. Instr. § 1). In Bayern galt bis zum 31. Dezember 1899 die gesetzliche Vorschrift, daß das Vollstreckungsgericht dem Verwalter eine urkundliche Bescheinigung seiner Ernennung zu erteilen habe (Gesetz vom 23. Februar 1879 Art. 134 Nr. 1). Sie ist zwar aufgehoben (Art. 52 des Ausf.-Ges. vom 9. Juni 1899). Etwas Entsprechendes aber werden die bayerischen Gerichte wohl auch künftig thun. — Die Legitimation wird der Verwalter immer dann bei sich führen, wenn er anderen gegenüber als Verwalter thätig werden will, z. B. bei der Einforderung von Mietzinsen.

II. Das Amt des Verwalters endigt:

1. Mit der Aufhebung der Verwaltung. Daß das Gericht den Verwalter von der Aufhebung in Kenntnis zu setzen habe, ist nicht vorgeschrieben; doch wird die Mitteilung wohl immer erfolgen.

2. Mit der Entlassung des Verwalters durch das Gericht (RGes. § 153 Abs. 2).

3. Wenn der Verwalter seine Stellung aufgiebt. Doch darf er dies in der Regel nur so thun, daß rechtzeitig ein anderer Verwalter bestellt werden kann. Ohne Rücksicht hierauf darf er nur dann zurücktreten, wenn er einen wichtigen Grund dafür hat. Tritt er ohne wichtigen Grund zur Unzeit zurück, so hat er den Schaden zu ersetzen (BGB. §§ 627, 671). — In Preußen darf der Verwalter die Verwaltung nur einstellen, wenn das Verfahren aufgehoben ist oder das Gericht ihn entlassen hat (Preuß. Instr. § 15).

Ist das Amt des Verwalters erloschen, so hat er seine Legitimation dem Gerichte sofort zurückzugeben. In Sachsen ist das ausdrücklich bestimmt (§ 14 Abs. 2 der VO. vom 19. Juni 1900, GVBl. S. 321). Es folgt aber auch schon aus der Natur des Verhältnisses (zu vgl. BGB. §§ 175, 812 Satz 2).

Die Zwangsverwaltung kann vom Gericht einstweilen eingestellt werden (CPO. §§ 707, 719, 732 Abs. 2, 766 Abs. 1 Satz 2, 769, 771 Abs. 3). Dadurch erlischt das Amt des Verwalters nicht (unten § 39).

§ 6. Der Verwalter und das Gericht.

Der Verwalter hat die Zwangsverwaltung nicht allein und nicht selbständig zu besorgen.

I. Einen Teil der Geschäfte besorgt das Gericht selbst.

Zunächst bestimmt es den Verteilungstermin. Doch hat der Verwalter hierauf Einfluß. Ein solcher Termin wird nämlich nur bestimmt, wenn auch auf andre Ansprüche als die laufenden Beträge (oben § 4) der öffentlichen Lasten des Grundstücks Zahlungen geleistet werden können. Ob dies zu erwarten ist, kann das Gericht von sich aus nicht beurteilen; der Verwalter muß es ihm anzeigen.

Sodann ist die Aufstellung des Teilungsplans nicht Sache des Verwalters, sondern Sache des Gerichts (RGes. § 156).

Das Gericht hat endlich auch einen Termin zu bestimmen, wenn Zahlungen auf das Kapital einer Hypothek oder Grundschuld oder auf die Ablösungssumme einer Rentenschuld geleistet werden können. Auch bei dieser Terminsbestimmung aber ist der Verwalter beteiligt: Er hat sie zu beantragen (RGes. § 158).

II. Der Verwalter steht unter der Aufsicht des Gerichts. Dieses kann gegen ihn Ordnungsstrafen bis zu 200 Mark verhängen und ihn entlassen. Es kann ihm auch, wenn es das für nötig hält, eine Anweisung für die Verwaltung erteilen. Zur Vorbereitung der Anweisung kann es einen Sachverständigen zuziehen (RGes. § 153 Abs. 1 und 2). Der Verwalter hat die Anweisung des Gerichts zu befolgen. Doch darf er abweichen, wenn er den Umständen nach annehmen kann, daß das Gericht bei Kenntnis der Sachlage die Abweichung billigen würde. Er hat aber vor der Abweichung dem Gericht Anzeige zu erstatten und dessen Entschließung abzuwarten, wenn nicht mit dem Aufschub Gefahr verbunden ist (BGB. § 665).

Der Verwalter hat die Aufsichtsthätigkeit des Gerichts zu ermöglichen und zu erleichtern. Er hat sowohl dem Gericht als auch dem vom Gericht etwa zugezogenen Sachverständigen über alle für die Verwaltung wichtigen Verhältnisse auf Verlangen Auskunft zu geben; insbesondere muß er ihnen das Grundstück vorzeigen, sie auf dessen etwaige besondre Eigenschaften aufmerksam machen, ihnen mitteilen, welche Aussichten auf Vermietungen oder Verpachtungen oder auf sonstige Einnahmen bestehen (wegen des Nutzungsverzeichnisses s. unten § 24), welche Ausgaben oder Verluste bevorstehen, u. dgl. m. Auch hat er ihnen seine Bücher, Akten und Schriften vorzulegen, die sich auf die Verwaltung beziehen (zu vgl. Preuß. Instr. § 30).

Dem Gerichte hat der Verwalter insbesondere auch die Rechnungen einzureichen, die er sowohl jährlich als auch nach Beendigung der Verwaltung zu legen hat. Das Gericht hat kraft seines Aufsichtsrechts diese Rechnungen zu prüfen und, wenn sie mangelhaft sind, auf ihre Verbesserung zu dringen (vgl. unten § 33).

§ 7. Haftung des Verwalters auf Schadensersatz.

Der Verwalter ist allen Beteiligten verantwortlich: Jeder bei der Zwangsverwaltung Beteiligte kann von ihm, wenn er seine Pflicht verletzt, Schadensersatz fordern (§ 154 Satz 1 des RGes.). Der Verwalter hat den Beteiligten gegenüber auch das Verschulden derjenigen Personen zu vertreten, die er bei der Verwaltung als Gehülfen benutzt (BGB. § 278).

Beteiligt sind zunächst der Gläubiger und der Schuldner (oben §§ 1, 2). Weiter sind diejenigen beteiligt, für die zur

Zeit der Eintragung des Verwaltungsvermerks in das Grundbuch ein Recht eingetragen oder durch eine Eintragung (Vormerkung, Widerspruch, Verfügungsbeschränkung) gesichert ist. Endlich ist beteiligt, wer ein Recht — wenn auch nur ein Miet- oder Pachtrecht, auf Grund dessen ihm das Grundstück überlassen ist — beim Vollstreckungsgericht angemeldet hat. Doch gilt ein solcher dem Verwalter gegenüber dann nicht als Beteiligter, wenn ein Beteiligter oder das Gericht von ihm die Glaubhaftmachung des angemeldeten Rechts verlangt hat und diese nicht erfolgt ist (RGes. § 9).

Beteiligt kann hiernach auch derjenige sein, an den der Schuldner das Grundstück nach der Beschlagnahme (oben § 3) unter Umständen veräußert hat, unter denen der Erwerber nicht Schuldner geworden ist (oben § 2). Auch einem solchen Erwerber kann also der Verwalter verantwortlich sein.

Manche Schriftsteller dehnen den Kreis der Personen, denen der Verwalter verantwortlich ist, noch weiter aus. Sie nehmen an, er hafte jedem auf Ersatz, der infolge einer von ihm begangenen Pflichtverletzung Schaden leide.

Mit Rücksicht auf die Verantwortlichkeit des Verwalters kann ihm das Gericht die Leistung einer Sicherheit auferlegen (RGes. § 153 Abs. 2). Das Nähere hierüber bestimmt das Gericht.

§ 8. Anspruch des Verwalters auf Vergütung.

Der Verwalter hat eine Vergütung zu erhalten. Der Betrag wird vom Gerichte festgesetzt (RGes. § 153 Abs. 1). Die Vergütung gehört zu den Ausgaben der Verwaltung, kann also aus den Nutzungen des Grundstücks vom Verwalter selbst vorweg entnommen werden (RGes. § 155 Abs. 1). Soweit die Nutzungen nicht einmal zur Bestreitung der Vergütung ausreichen sollten, haftet für diese auch der Gläubiger. In Sachsen besorgt das Gericht die Einziehung des Betrags, den der Gläubiger schuldet, und bezahlt dann seinerseits den Verwalter (§ 36 Abs. 1 des sächs. Ges. über die Gerichtskosten vom 21. Juni 1900, GVBl. S. 336; § 38 Satz 3, § 32 Abs. 3 Satz 2 desselben Gesetzes).

In Preußen ist es streitig, ob der Verwalter, wenn die Verwaltungserträgnisse zur Bestreitung seiner Vergütung nicht ausreichen, verlangen könne, daß diese das Gericht vom Gläubiger einziehe, oder ob er den Gläubiger darauf verklagen müsse: Es giebt dort keine ausdrückliche Vorschrift dahin, daß die Vergütung zu den gerichtlichen Auslagen gehöre. Auch in Bayern giebt es keine derartige Vorschrift.

§ 9. Beschwerderecht des Verwalters.

I. Fühlt sich der Verwalter durch eine Verfügung des Gerichts beschwert, die seine eigne Rechtsstellung betrifft, z. B. durch Verfügung einer Ordnungsstrafe, durch seine Entlassung, durch Beanstandung der von ihm gelegten Rechnung, durch die Auferlegung einer Sicherheitsleistung, durch die Festsetzung seiner Vergütung, so kann er sofortige Beschwerde einlegen (CPO. § 793). Das muß jedoch binnen einer Frist von zwei Wochen geschehen; die Frist beginnt mit der Zustellung der gerichtlichen Verfügung an den Verwalter (CPO. § 577 Abs. 2 Satz 1). Eingelegt werden kann die Beschwerde entweder beim Amtsgerichte selbst oder bei dem Landgerichte, das diesem vorgesetzt ist (CPO. § 569 Abs. 1, § 577 Abs. 2 Satz 2). Die Form der Einlegung besteht darin, daß der Verwalter entweder eine Beschwerdeschrift einreicht oder die Beschwerde dem Gerichtsschreiber des Amtsgerichts oder dem Gerichtsschreiber des Landgerichts zu Protokoll erklärt (CPO. § 569 Abs. 2).

Die Entscheidung des Beschwerdegerichts kann nur dann angefochten werden, wenn darin ein neuer selbständiger Beschwerdegrund enthalten ist (CPO. § 568 Abs. 2).

II. Der Verwalter ist nicht befugt, deshalb Beschwerde zu führen, weil er eine Maßregel des Gerichts, die nicht seine persönliche Rechtsstellung, sondern das Verfahren betrifft, für unzweckmäßig oder gesetzwidrig hält. Namentlich kann er die Anweisungen nicht anfechten, die ihm das Gericht erteilt. In solchen Fällen hat er die Beschwerdeführung dem Gläubiger oder dem Schuldner oder dem sonst betroffenen Beteiligten zu überlassen. Er selbst ist nicht Beteiligter, sondern er ist der Beauftragte des Gerichts. Doch ist diese Ansicht nicht unbestritten; für den Verwalter wird es entscheidend sein, wie sich die Gerichte dazu stellen.

Glaubt der Verwalter, eine gerichtliche Verfügung anfechten zu dürfen, die nicht seine Rechtsstellung, sondern das Verfahren betrifft, so darf er doch keinesfalls ohne weiteres sofortige Beschwerde einlegen. Er hätte vielmehr zunächst beim Amtsgericht eine Einwendung oder Erinnerung gegen die Art und Weise der Zwangsvollstreckung anzubringen. Erst gegen die Entscheidung, die das Amtsgericht hierauf trifft, könnte die sofortige Beschwerde in Frage kommen.

III. Entscheidungen, die das Amtsgericht nicht in seiner Eigenschaft als Behörde der Zwangsverwaltung trifft, sondern in anderer amtlicher Eigenschaft, z. B. als Vollstreckungsgericht für die Zwangsvollstreckung in das bewegliche Vermögen, kann der Verwalter ebensogut anfechten, wie die Entscheidungen anderer Amtsgerichte.

§ 10. Kreditanstalten als Zwangsverwaltungsbehörden.

I. In Preußen können die Befugnisse des Vollstreckungsgerichts unter Umständen auch einer Kreditanstalt zustehen. Ein solches Verhältnis findet statt, wenn der Kreditanstalt mit landesherrlicher Genehmigung durch ihre Satzung die Befugnis beigelegt worden ist, die von ihr beliehenen Grundstücke in Zwangsverwaltung zu nehmen (Einf.-Ges. zum BGB. Art. 167; Einf.-Ges. zum RGes. § 2; preuß. Ges. vom 3. August 1897 § 1, § 3 Abs. 2 Satz 1, Gesetzsammlung S. 388; preuß. Gesetz vom 23. September 1899 Art. 34, Gesetzsammlung

S. 298). Eine derartige Zwangsverwaltung endigt jedoch, wenn wegen des Anspruchs eines anderen Gläubigers die gerichtliche Zwangsverwaltung angeordnet wird (§ 6 Abs. 2 des Ges. vom 3. August 1897).

II. In einer gerichtlichen Zwangsverwaltung, deren Gegenstand ein land- oder forstwirtschaftliches Grundstück bildet, kann in Preußen die öffentliche landschaftliche (ritterschaftliche) Kreditanstalt, insbesondere die provinzial-(kommunal-)städtische öffentliche Grundkreditanstalt auf Ersuchen des Gerichts wichtige gerichtliche Befugnisse übernehmen; namentlich die Bestellung und Entlassung des Verwalters, die Befugnis, ihm Anweisungen zu erteilen, ihn zu beaufsichtigen, die von ihm gelegte Rechnung zu prüfen, Ordnungsstrafen über ihn zu verhängen, ihm die Leistung einer Sicherheit aufzuerlegen und seine Vergütung festzusetzen. Sie kann sogar ein Recht auf Überweisung dieser Thätigkeit haben (Ges. vom 3. August 1897 § 6 Abs. 4, Gesetzsammlung S. 389; Preuß. Instr. § 31).

III. So oft im Leitfaden das Gericht genannt wird, ist für den Fall, daß die betreffende gerichtliche Thätigkeit einer preußischen Kreditanstalt zusteht, diese gemeint.

Drittes Kapitel.

Der Gegenstand der Verwaltung.

§ 11. Das Grundstück.

I. Gegenstand der Zwangsverwaltung ist zunächst das Grundstück (RGes. § 146 Abs. 1, § 20 Abs. 1).

Den Grundstücken stehen Rechte gleich, die ein Blatt im Grundbuch erhalten haben. Ein solches Blatt können nach Reichsrecht die Erbbaurechte haben (Grundb.-O. § 7); nach sächsischem Rechte z. B. ältere Realgasthofsgerechtsame, die vor dem 1. Januar 1900 entstandenen Baurechte und Kellerrechte, weiter Bergbaurechte, Abbaurechte und Fährgerechtigkeiten; nach preußischem Rechte z. B. das Bergwerkseigentum, Schiffsmühlengerechtigkeiten, Fähr- und Fischereigerechtigkeiten; in Bayern Bergwerke und unbewegliche Kuxe, Fischereirechte, Realgewerbeberechtigungen und solche Nutzungsrechte, für die nach Landesrecht die sich auf Grundstücke beziehenden Vorschriften gelten (Art. 17 des Ausf.-Ges. zur Grundb.-O. u. s. f. vom 9. Juni 1899); zu diesen Nutzungsrechten gehört insbesondere das vor dem 1. Januar 1900 entstandene Platzrecht.

II. Von selbst versteht es sich, daß vom Staate verliehene Bergbaurechte von der Zwangsverwaltung des Oberflächengrundstücks nicht ergriffen werden. Denn ein solches Bergbaurecht würde dem Schuldner nicht einmal dann zustehen, wenn es niemandem verliehen wäre; es gehört nicht zu den Befugnissen, die im Grundeigentum liegen. Auch wenn das Bergbaurecht etwa dem Schuldner selbst verliehen ist, steht die Sache nicht anders. Es verhält sich dann gerade so, wie wenn der Schuldner mehrere selbständige Grundstücke hätte: Das verliehene Bergbaurecht kann nur dadurch Gegenstand der Zwangsverwaltung werden, daß seine Zwangsverwaltung vom Gerichte besonders angeordnet wird. Nur dann würde das verliehene Bergbaurecht von der Zwangsverwaltung des Oberflächengrundstücks mit ergriffen werden, wenn es im Grundbuche ihm zugeschrieben oder mit ihm vereinigt wäre (zu vgl. unten III, 2). Das wird aber nur höchst selten vorkommen.

In Sachsen werden auch solche Rechte am Oberflächengrundstück von dessen Zwangsverwaltung nicht ergriffen, deren Begründung nach den Vorschriften über Grundstücksabtrennungen zu beurteilen ist. Solche Rechte sind insbesondere die eingetragenen Kohlenbergbaurechte, sodann die vor dem 1. Januar 1900 eingetragenen Abbaurechte, Baurechte und Kellerrechte (§ 27 Abs. 1, § 9 des Gesetzes vom 18. Juni 1900, GVBl. S. 317, 313). — In Rechtsgebieten, wo die Begründung derartiger Rechte nicht als Grundstücksabtrennung gilt oder gegolten hat, richtet sich das Verhältnis des Verwalters zu ihnen nach ihrem Range (zu vgl. unten § 23).

III. Zum Grundstück gehören:

1. dessen wesentliche Bestandteile. Im allgemeinen sind das alle diejenigen Bestandteile, die von einander nicht getrennt werden können, ohne daß der eine oder der andere zerstört oder in seinem Wesen verändert wird (BGB. § 93). Doch gehören zu den wesentlichen Bestandteilen eines Grundstücks in jedem Falle, also auch dann, wenn dieses allgemeine Erfordernis einmal nicht erfüllt sein sollte, die mit dem Grund und Boden fest verbundenen Sachen, insbesondere Gebäude, sowie die mit dem Boden zusammenhängenden Pflanzen. Eine neu gepflanzte Pflanze wird nicht erst mit dem Einwurzeln, sondern schon mit dem Einpflanzen wesentlicher Bestandteil, Samen schon mit dem Aussäen (BGB. § 94 Abs. 1).

Zu den wesentlichen Bestandteilen eines Gebäudes gehören die Sachen, die ihm „zur Herstellung" eingefügt sind (BGB. § 94 Abs. 2). Darunter sind diejenigen Sachen zu verstehen, ohne deren Einfügung der Bau nicht fertig hergestellt sein würde; z. B. die Dachziegel, die Thüren, die äußeren Fenster.

2. Zum Grundstücke gehören auch dessen unwesentliche Bestandteile. Das sind jedenfalls solche andere Grundstücke, die im Grundbuche dem Grundstück zugeschrieben oder mit ihm vereinigt sind. Bei der Zuschreibung sind sie unwesentliche Bestandteile des Grundstücks, zu dem sie hinzugeschrieben sind, bei der Vereinigung unwesentliche Bestandteile des neuen Ganzen (BGB. § 890). Dieser Unterschied kann für das Gericht bei der Aufstellung des Teilungsplans wichtig werden (BGB. § 1131); für den Verwalter wird er kaum in Betracht kommen können.

Ob bewegliche Sachen unwesentliche Bestandteile eines Grundstücks sein können, ist streitig. Der Streit dreht sich darum, ob überhaupt nach den natürlichen und wirtschaftlichen Zuständen ein solches Verhältnis möglich sei, ob also Beispiele genannt werden können. Das wird jedoch zu bejahen sein: Wird an einer Gartenmauer eine Tafel zu dem Zwecke angeschraubt, daß dritte Personen Plätze darauf zur Anklebung von Plakaten mieten können — was in großen Städten nicht selten vorkommt —, so ist diese Tafel unwesentlicher Bestandteil der Gartenmauer. Wesentlicher Bestandteil ist sie nicht, weil sie mit der Mauer nicht fest verbunden und nicht zu deren Herstellung eingefügt ist; Zubehör nicht, weil sie Bestandteil ist und weil sie nicht dem wirtschaftlichen Zwecke des Gartens oder der Mauer zu dienen bestimmt ist. Weil sie aber Bestandteil ist, kann sie auch der Verwalter zur Anbringung von Plakaten vermieten.

IV. Es giebt Sachen, die alle bisher angegebenen Merkmale von Bestandteilen oder sogar von wesentlichen Bestandteilen haben, und doch keine Bestandteile sind. Namentlich gehören hierher Gebäude oder andere Werke, die ein Anderer als der Eigentümer kraft eines Rechtes am Grundstück errichtet hat: Die Wasserleitungsrohre, die ein Dienstbarkeitsberechtigter hat legen, die Gebäude, die ein Erbbauberechtigter hat erbauen lassen, sind nicht Bestandteile: Auch gehören solche Sachen nicht zu den Bestandteilen, die mit dem Grund und Boden oder mit dem Gebäude nur zu einem vorübergehenden Zwecke verbunden sind; und zwar nicht einmal dann, wenn der Eigentümer selbst die Verbindung hergestellt hat. Ein Holzgerüst, das der Eigentümer nur deshalb in seinem Garten errichtet hätte, um sich von da aus einen Festzug anzusehen, würde also von der Zwangsverwaltung nicht ergriffen werden; der Verwalter könnte es aber beseitigen lassen. Noch weniger würde die Zwangsverwaltung solche Sachen ergreifen, die ein Mieter nur für die Dauer seiner Mietzeit mit dem Grundstücke verbunden hat, also die Pflanzen, die vom Mieter eingepflanzt sind, die Badeeinrichtung, die er etwa hat anbringen lassen (BGB. § 95).

Endlich wird das Recht eines Pächters auf den Fruchtgenuß von der Beschlagnahme nicht berührt (RGes. § 21 Abs. 3): Über die mit dem Boden verbundenen Früchte, auf die ein Pächter Anspruch hat, kann der Verwalter nicht verfügen. Zu den Früchten in diesem Sinne gehört auch Lehm im Lehmlager, ungebrochenes Gestein im Steinbruch u. dgl. m. Der Verwalter muß also dulden, daß der Pächter die Früchte nach der Beschlagnahme trennt und für sich verwendet.

Andere Fruchtbezugsberechtigte haben aber nicht dasselbe Recht wie der Pächter. Ein Nießbraucher z. B. kann nur dann nach der Beschlagnahme trennen und für sich verwenden, wenn sein Recht einen besseren Rang hat, als das Recht des Gläubigers. Auch wenn Früchte, die noch nicht vom Boden getrennt und nicht Zubehör (zu vgl. § 12) sind, vor der Beschlagnahme gepfändet waren, hängt es vom Rangverhältnis zwischen dem Rechte des Gläubigers und dem Rechte des Pfandgläubigers ab, ob die Pfändung dem Verwalter gegenüber wirksam ist. Bei Beurteilung des Ranges wird das Recht, das der Pfandgläubiger durch die Pfändung erlangt hat, nicht berücksichtigt (CPO. § 810 a. E.). Übrigens darf sich der Verwalter, auch wenn der Gläubiger ein besseres Recht hat, als der Pfandgläubiger, nicht eigenmächtig über die Pfändung hinwegsetzen; er hat abzuwarten, ob und mit welchem Erfolge der Gläubiger seinen Vorrang geltend macht. Er kann aber die Geltendmachung anregen.

§ 12. Das Zubehör.

I. Das Zubehör eines Grundstücks wird von der Zwangsverwaltung ergriffen; jedoch mit Ausnahme der Stücke, die nicht in das Eigentum des Grundstückseigentümers gelangt sind (BGB. § 1120; RGes. § 20 Abs. 2, § 146 Abs. 1). Zubehör sind bewegliche Sachen, die, ohne Bestandteile zu sein, dem wirtschaftlichen Zwecke des Grundstücks zu dienen bestimmt sind und in einem dieser Bestimmung entsprechenden räumlichen Verhältnisse stehen; z. B. Doppelfenster, wenn sie in der kälteren Jahreszeit in Benutzung stehen, in der wärmeren auf dem Grundstücke für die Benutzung aufbewahrt werden; dann die Hausschlüssel, Stubenschlüssel

u. dgl. m. Doch ist eine derartige Sache dann nicht Zubehör, wenn sie im Verkehre nicht als Zubehör gilt. Auch wird eine Sache nicht dadurch Zubehör, daß sie vorübergehend für den wirtschaftlichen Zweck des Grundstücks benutzt wird. Andrerseits hebt die vorübergehende Entfernung eines Zubehörstückes von der Hauptsache — der Hausschlüssel ist z. B. vorübergehend verloren gegangen — die Zubehöreigenschaft nicht auf (BGB. § 97).

Im einzelnen bestimmt der § 98 des BGB.'s:

Dem wirtschaftlichen Zwecke der Hauptsache sind zu dienen bestimmt:

1. bei einem Gebäude, das für einen gewerblichen Betrieb dauernd eingerichtet ist, insbesondere bei einer Mühle, einer Schmiede, einem Brauhaus, einer Fabrik, die zu dem Betriebe bestimmten Maschinen und sonstigen Gerätschaften;

2. bei einem Landgute das zum Wirtschaftsbetriebe bestimmte Gerät und Vieh, die landwirtschaftlichen Erzeugnisse, soweit sie zur Fortführung der Wirtschaft bis zu der Zeit erforderlich sind, zu welcher gleiche oder ähnliche Erzeugnisse voraussichtlich gewonnen werden, sowie der vorhandene auf dem Gute gewonnene Dünger.

Dem früheren sächsischen Rechte gegenüber ist hervorzuheben, daß Maschinen unter der im § 98 Nr. 1 des BGB.'s bezeichneten Voraussetzung als Zubehör des Grundstücks von der Zwangsverwaltung ergriffen werden, ohne mit dem Grundstücke irgendwie verbunden zu sein.

II. Obgleich das Zubehör nur dann von der Zwangsverwaltung ergriffen wird, wenn es in das Eigentum des Grundstückseigentümers gelangt ist, so wird es doch nicht dadurch frei, daß es vor der Beschlagnahme (oben § 3) aus diesem Eigentum ausscheidet. Es giebt aber Thatsachen, die es frei machen.

1. Das Zubehör ist immer frei, wenn es vor der Beschlagnahme sowohl veräußert als auch von dem Grundstück entfernt worden ist. Zuweilen aber wird es auch dann frei,

wenn es nach der Beschlagnahme veräußert und entfernt wird. Es kommt dabei auf den guten Glauben des Erwerbers an. Der gute Glaube fehlt dem Erwerber, wenn diesem zur Zeit der Entfernung die Beschlagnahme bekannt gewesen (BGB. § 1121 Abs. 2) oder nur infolge eigner grober Fahrlässigkeit unbekannt geblieben ist (BGB. § 932 Abs. 2). Die Kenntnis oder die grobe Fahrlässigkeit muß dem Erwerber bewiesen werden. Ein solcher Beweis ist ziemlich schwer zu führen. Deshalb sagt das Reichsgesetz, daß die Beschlagnahme als bekannt gilt, sobald die Zwangsverwaltung in das Grundbuch eingetragen ist (§ 23 Abs. 2 Satz 2, § 146 Abs. 1). Da die Eintragung sehr bald nach der Beschlagnahme stattfindet, so wird durch eine nach der Beschlagnahme erfolgte Entfernung nur selten ein Zubehörstück frei werden. Selbst für die Zeit vor der Eintragung wird das noch erschwert. Wenn nämlich einmal die Beschlagnahme erfolgt ist, so steht ihrer Kenntnis schon die Kenntnis des Antrags auf Zwangsverwaltung gleich (RGes. § 23 Abs. 2 Satz 1). Wer also weiß, daß die Zwangsverwaltung beantragt ist, und dann Zubehörstücke in der Meinung erwirbt, daß dem Antrage noch nicht entsprochen, also die Beschlagnahme noch nicht erfolgt sei, kann sich, wenn er sich hierin irrt, auf seinen guten Glauben nicht berufen.

2. Eine Veräußerung ohne Entfernung macht das veräußerte Zubehörstück auch dann nicht frei, wenn sie vor der Beschlagnahme erfolgt (BGB. § 1121 Abs. 2). Das veräußerte Zubehörstück wird also von der Beschlagnahme ergriffen. Damit ist aber nicht gesagt, daß die Veräußerung als nicht geschehen betrachtet würde. Die Beschlagnahme wirkt nur als Verfügungsbeschränkung; sie macht die Verfügungen unwirksam, die nach ihr erfolgen, nicht diejenigen hinfällig, die vor ihr geschehen sind. Hat aber der Gläubiger ein Recht am Grundstücke, das schon vor der Veräußerung bestanden hat (also eine Hypothek, Grundschuld, Rentenschuld oder Reallast), so ist die Veräußerung gegen ihn und folglich auch gegen den Verwalter unwirksam.

3. Im umgekehrten Falle, also bei einer Entfernung ohne Veräußerung, können Zubehörstücke höchstens dann frei werden, wenn die Entfernung vor der Beschlagnahme erfolgt. Sie werden aber dann nicht immer frei. Es ist nötig, daß die Zubehöreigenschaft aufgehoben wird — eine vorübergehende Entfernung genügt also nicht, s. oben unter I. —, und daß dies innerhalb der Grenzen einer ordentlichen Wirtschaft geschieht. Ja, wenn die Zubehöreigenschaft ohne Veräußerung innerhalb der Grenzen einer ordentlichen Wirtschaft vor der Beschlagnahme aufgehoben wird, so tritt die Befreiung sogar ohne Entfernung ein (BGB. § 1122 Abs. 2); die Entfernung ist also nicht das Entscheidende. Wenn daher ein Landwirt nach Abnutzung eines Erntewagens einen neuen angeschafft und auf das Grundstück gebracht hat, so ist der alte frei; vorausgesetzt, daß bewiesen werden kann, der Landwirt habe den alten nicht mehr in der Wirtschaft benutzen wollen. Schafft aber ein Landwirt seinen guten neuen Erntewagen, den er in der Wirtschaft dringend braucht, vor der Beschlagnahme zu einem Agenten mit dem Auftrage, ihn zu verkaufen, so wird der Wagen, so lange nicht die Veräußerung erfolgt ist, nicht frei. Denn durch die Fortschaffung wird zwar, da sie als dauernde gemeint ist, die Zubehöreigenschaft aufgehoben; aber innerhalb der Grenzen einer ordentlichen Wirtschaft geschieht das nicht.

4. Daß Zubehörstücke im Wege der Zwangsvollstreckung in das bewegliche Vermögen gepfändet sind, steht ihrer Benutzung bei der Zwangsverwaltung nicht entgegen. Eine solche Pfändung ist schlechterdings unzulässig (CPO. § 865 Abs. 2 Satz 1), gleichviel, wann sie erfolgt. Der Verwalter hätte nach CPO. § 766 bei dem für die Zwangsvollstreckung in das bewegliche Vermögen zuständigen Vollstreckungsgerichte ihre Aufhebung zu beantragen.

§ 13. Getrennte Bestandteile, insbesondre getrennte Erzeugnisse.

I. Von der Beschlagnahme werden ferner ergriffen die von dem Grundstücke getrennten Erzeugnisse und die sonstigen getrennten Bestandteile (BGB. § 1120, RGes. § 20 Abs. 2, § 146 Abs. 1); z. B. gehauenes Getreide, ausgemachte Kartoffeln, geschlagene Bäume, gewonnener Sand oder Kalk, bei einem Lehmlager die geformten Ziegel, auch wenn sie schon gebrannt sind, weiter die einzelnen Steine einer abgetragenen Mauer u. dgl. m. Unter Umständen sind derartige Sachen Zubehör (BGB. § 98 Nr. 2); dann gilt von ihnen das oben im § 12 Gesagte. Soweit sie aber nicht Zubehör sind, bezieht sich auf sie der Inhalt des § 13.

Solche Erzeugnisse oder Bestandteile werden dann nicht von der Beschlagnahme ergriffen, wenn sie mit der Trennung weder in das Eigentum des Grundstückseigentümers gelangt sind noch auch in das Eigentum desjenigen, der Eigenbesitz (oben § 2 a. Anf.) am Grundstücke hat (BGB. § 1120). Sie gelangen keineswegs immer in das Eigentum des Grundstückseigentümers oder des Eigenbesitzers. Ist das Grundstück verpachtet und dem Pächter der Besitz überlassen, so gelangen sie mit der Trennung in das Eigentum des Pächters. Dies gilt selbst dann, wenn der Verpächter zu der Verpachtung gar nicht befugt war, vorausgesetzt, daß nicht dem Pächter zur Zeit der Trennung der Mangel der Befugnis des Verpächters bekannt gewesen ist; die Kenntnis muß ihm bewiesen werden (BGB. §§ 956, 957). Steht ferner das Grundstück im Nießbrauche, so gehören die Früchte mit der Trennung dem Nießbraucher. Besteht ein Abbaurecht auf Lehm am Grundstücke, so gehört der Lehm mit der Trennung vom Lehmlager dem Abbauberechtigten (BGB. § 954).

II. Hinsichtlich der Befreiung durch Veräußerung und Entfernung gilt hier dasselbe, wie beim Zubehör (oben § 12 II 1); ebenso hinsichtlich der Veräußerung ohne Entfernung (§ 12, II 2).

Durch die Entfernung ohne Veräußerung wird hier, also bei solchen Bestandteilen und Erzeugnissen, die schon zur Zeit der Beschlagnahme getrennt sind, die Freiheit von dieser dann begründet, wenn die Entfernung vor der Beschlagnahme geschehen, und wenn die Trennung — die mit der Entfernung nicht zu verwechseln ist — innerhalb der Grenzen einer ordentlichen Wirtschaft erfolgt war. Bäume also, die nicht nach forstwirtschaftlichen Rücksichten, sondern vorzeitig geschlagen worden sind, sind nicht deshalb frei, weil sie vor der Beschlagnahme entfernt worden sind; z. B. also auch dann nicht, wenn sie der Grundstückseigentümer auf seinen meilenweit entfernten Zimmerplatz hat schaffen lassen. Außerdem ist die Entfernung ohne Veräußerung immer dann unwirksam, wenn sie nur zu einem vorübergehenden Zwecke erfolgt (BGB. § 1122 Abs. 1).

Bei der Entfernung ohne Veräußerung besteht also ein Unterschied zwischen dem Zubehör und den getrennten Bestandteilen. Beim Zubehör kommt es auf die Entfernung nicht an; es muß die Zubehöreigenschaft aufgehoben worden sein, und zwar innerhalb der Grenzen einer ordentlichen Wirtschaft. Etwas derartiges wäre bei den getrennten Bestandteilen nicht denkbar. Denn die Eigenschaft als getrennter Bestandteil beruht nicht, wie die Zubehöreigenschaft, auf einem gegenwärtigen Verhältnis; sie beruht vielmehr auf einer vergangenen Thatsache. Sie kann also ebensowenig aufgehoben werden, wie diese Thatsache ungeschehen gemacht werden kann.

Ueber den Schutz des guten Glaubens gilt dasselbe, wie beim Zubehör (oben § 12).

III. Nach den Grundsätzen unter II (also auch unter § 12 II 1 und 2) ist auch die **Pfändung** von getrennten Bestandteilen zu beurteilen, nur daß hierbei kein Schutz des guten Glaubens vorkommt. Unzulässig ist vor der Beschlagnahme die Pfändung bei ihnen nicht; insoweit ist es also hier nicht wie beim Zubehör (CPO. § 865 Abs. 2 Satz 2). Hat die Pfändung vor der Beschlagnahme zur Versteigerung geführt, so ist es wie bei sonstigen Veräußerungen, also wie bei der Veräußerung von Zubehör: Es kommt darauf an, ob noch vor der Beschlagnahme die Entfernung der Sachen vom Grundstücke zur Versteigerung hinzugetreten (oder auch ihr vorausgegangen) ist, oder ob sich die Sachen noch auf dem Grundstücke befinden. Sind die Sachen vor der Beschlagnahme nicht versteigert, sondern nur vom Grundstücke fortgeschafft worden, so kann ihre Freiheit von der Zwangsverwaltung nur dann in Frage kommen, wenn ihre Trennung vom Grundstücke, also z. B. das Fällen der Bäume, innerhalb der Grenzen einer ordentlichen Wirtschaft erfolgt war. Doch wäre die Freiheit selbst in einem solchen Falle nicht vorhanden, wenn eine derartige Fortschaffung als eine Entfernung zu einem vorübergehenden Zwecke anzusehen wäre. Das wird zu verneinen sein und also die Befreiung als eingetreten zu gelten haben. Denn einer der Zwecke der Fortschaffung gepfändeter Sachen, vielleicht der Hauptzweck, ist die Versteigerung; das ist kein vorübergehender Zweck (a. M. Jäckel, Das Reichsgesetz über die Zwangsversteigerung und die Zwangsverwaltung, S. 9 unter b; übrigens augenscheinlich selbst zweifelnd).

Sind die gepfändeten Bestandteile zur Zeit der Beschlagnahme noch auf dem Grundstücke vorhanden, so werden sie von dieser ergriffen. Das heißt aber nicht, daß das durch die Pfändung erlangte Recht ohne weiteres hinfällig würde (zu vgl. oben § 12 II, 2). Es kommt dabei auf das Rangverhältnis zwischen dem Gläubiger und dem Pfandgläubiger an. Der Verwalter hat die Pfändung so lange gegen sich gelten zu lassen, als nicht der Gläubiger die Freigabe der Pfänder erreicht hat. Er hat aber den Gläubiger von der Pfändung in Kenntnis zu setzen, damit dieser die erforderlichen Schritte thun kann.

Eine Pfändung von getrennten Bestandteilen, die nach der Beschlagnahme erfolgt, ist unzulässig (CPO. § 865 Abs. 2 Satz 2). Der Verwalter hat ihr daher nach CPO. § 766 bei dem für die Zwangsvollstreckung in das bewegliche Vermögen zuständigen Vollstreckungsgerichte zu widersprechen, nötigenfalls sofortige Beschwerde einzulegen.

§ 14. Vereinigte und zugeschriebene Rechte.

Da die Zwangsverwaltung die Bestandteile des Grundstücks ergreift, so ergreift sie auch diejenigen Rechte, die im Grundbuche dem Grundstück als Bestandteile zugeschrieben oder mit ihm vereinigt sind (BGB. § 890). Einem Grundstück zugeschrieben oder mit einem Grundstücke vereinigt können solche Rechte sein, für die ein Grundbuchblatt angelegt sein oder angelegt werden kann. Was das ungefähr für Rechte sind, ist oben § 11 unter I gesagt worden.

Nicht um solche Rechte dieser Art handelt es sich hier, mit denen das Grundstück belastet ist, die also die Zwangsverwaltung hindern oder einschränken können. Von diesem Falle war oben § 11 unter II die Rede. Auch bezieht sich der § 14 nicht auf den Fall, wo derartige Rechte den Hauptgegenstand der Verwaltung bilden (oben § 11 unter I). Jetzt wird darauf aufmerksam gemacht, daß derartige Rechte auch als Bestandteile des Grundstücks Gegenstand der Verwaltung werden können.

§ 15. Mit dem Eigentum am Grundstück verbundene Rechte.

I. Die Zwangsverwaltung ergreift die Rechte, die zwar nicht Bestandteile des Grundstücks sind (oben § 14), aber als dessen Bestandteile gelten. Das sind die Rechte, die mit dem Eigentum am Grundstück verbunden sind (BGB. § 96), d. h. die dem jedesmaligen Eigentümer des Grundstücks zustehen, obwohl sie nicht mit auf demselben Grundbuchblatt eingetragen sind. Die Verbindung mit dem Grundstücke wird hier in anderer Weise hergestellt: Es steht in der Regel auf dem Grundbuchblatt desjenigen anderen Grundstücks, das mit einem solchen Rechte belastet ist, eingetragen, das Recht stehe dem jedesmaligen Eigentümer des Grundstücks zu, das den Gegenstand der Zwangsverwaltung bildet. In einem Falle ergiebt sich das ohne Eintragung schon aus der Natur der Sache, und zwar bei den nicht eingetragenen Grunddienstbarkeiten des älteren Rechts.

II. Zu den Rechten, die als Bestandteile gelten, gehören zunächst die Grunddienstbarkeiten, auch die des neuen Rechts (BGB. § 1018). Der Verwalter kann also bei der Bewirtschaftung des Grundstücks die Grunddienstbarkeiten benutzen. Wenn er das Grundstück verpachtet oder vermietet, so gelten die Grunddienstbarkeiten als mit verpachtet oder vermietet.

III. Weiter können Reallasten als Bestandteile gelten. Das ist der Fall, wenn die Reallast dem Grundstückseigentümer nicht für seine Person zusteht, sondern kraft seiner Eigenschaft als Eigentümer des der Zwangsverwaltung unterliegenden Grundstücks (BGB. § 1105 Abs. 2). Der Verwalter kann dann die wiederkehrenden Leistungen einheben, die dem Grundstückseigentümer kraft der Reallast zu entrichten sind.

Die Reallastenrückstände werden unter Umständen, wenn nicht vorher die Beschlagnahme im Zwangsversteigerungsverfahren erfolgt, frei. Hierüber gilt dasselbe, was im § 16 bei den Miet- und Pachtzinsen gesagt werden wird, bei denen es häufiger vorkommt und wichtiger ist. Auch ob Zahlungen, Abtretungen, Aufrechnungen und sonstige Verfügungen über die einzelnen Leistungen dem Verwalter gegenüber wirksam sind, sowie ob die Beschlagnahme gegen denjenigen wirkt, der kraft der Reallast verpflichtet ist, wird im allgemeinen in derselben Weise entschieden, wie bei Pacht- und Mietzinsen. In einer Hinsicht gilt jedoch bei den Reallasten etwas Besonderes: Während bei den Miet- und Pachtzinsen jede Verfügung dann dem Verwalter gegenüber unwirksam ist, wenn sie sich auf Zins für eine spätere Zeit als das bei der Beschlagnahme laufende und das folgende Kalenderjahr bezieht, tritt bei Reallasten die Unwirksamkeit ein, wenn die Leistung erst drei Monate nach der Beschlagnahme fällig wird; darauf also, auf welche Zeit sie zu rechnen ist, kommt hier nichts an (BGB. § 1126 Satz 3). Sind z. B. Reallastenbeträge in vierteljährlichen Nachzahlungen zu entrichten und ist die Beschlagnahme am 29. Juni 1901 erfolgt, so ist eine am 20. Juni erfolgte Verfügung über den am 1. Oktober fälligen Betrag unwirksam, obwohl dieser Betrag auf das Kalendervierteljahr zu rechnen ist, das dem zur Zeit der Beschlagnahme laufenden folgt. Der Unterschied vom Pacht- und Mietzins beruht darauf, daß man bei Reallasten häufig nicht mehr weiß, ob die an einem bestimmten Tage fällige Zahlung auf die Vergangenheit oder auf die Zukunft gilt.

IV. Als Bestandteile des Grundstücks gelten auch solche Vorkaufsrechte, die dem Grundstückseigentümer nicht für seine Person, sondern in seiner Eigenschaft als Eigentümer des der Zwangsverwaltung unterliegenden Grundstücks zustehen (BGB. § 1094 Abs. 2, § 96). Es fragt sich, ob auch sie von der Zwangsverwaltung ergriffen werden. Das ist nicht so einfach zu beantworten.

1. Im § 152 Abs. 1 des Reichsgesetzes heißt es, der Verwalter habe die Ansprüche geltend zu machen, auf welche sich die Beschlagnahme erstreckt. Das bezieht sich nicht auf Vorkaufsrechte. Das Vorkaufsrecht ist kein Anspruch: Der Vorkaufsberechtigte kann nicht beanspruchen, daß der andere Teil mit ihm einen Kaufvertrag schließe; er hat vielmehr die Befugnis, einen Kauf zwischen sich und dem anderen Teile durch seine einseitige Erklärung zu stande zu bringen (BGB. § 505 Abs. 1 Satz 1, Abs. 2; § 1098). Durch diese Erklärung entstehen Ansprüche, aber das Recht zu ihrer Abgabe ist kein Anspruch. Eine Pflicht zur Geltendmachung des Vorkaufsrechts hat daher der Verwalter nicht ohne weiteres. Eine solche Pflicht stände auch häufig mit dem Zwecke der Verwaltung im Widerspruch: Der Verwalter müßte dann die Verwaltungserträgnisse, statt sie zur Befriedigung der Gläubiger zu verwenden, zur Bezahlung des Kaufpreises für ein Grundstück benutzen, obgleich dieses vielleicht zur Befriedigung der Gläubiger nicht verwertet werden könnte.

2. Eine andere Frage ist es, ob der Verwalter zur Aus-

übung des Vorkaufsrechts befugt und also dann dazu verpflichtet sei, wenn sie den Aufgaben der Verwaltung entspricht (zu vgl. § 28, II 3). Diese Frage wird zu bejahen sein. Denn ein Vorkaufsrecht der bezeichneten Art gilt eben als Bestandteil des Grundstücks. Daß es im § 1126 des BGB.'s nicht ausdrücklich erwähnt wird, steht nicht entgegen; denn die Grunddienstbarkeiten werden da ebensowenig ausdrücklich erwähnt. Der Zweck des § 1126 ist nicht der, zu bestimmen, daß gewisse Reallasten von der Hypothek — und also nach RGes. § 146 Abs. 1, § 20 Abs. 2 von der Zwangsverwaltung — ergriffen werden; insoweit ergiebt sich sein Inhalt schon aus § 96 verb. mit § 1113. Der § 1126 soll vielmehr die Ausnahme von diesem Ergriffensein der Reallasten angeben und wiederholt die Regel nur zum Zwecke der Einleitung. Ebensowenig ist ein Vorkaufsrecht der bezeichneten Art deshalb von der Verwaltung frei, weil es im § 152 des Reichsgesetzes nicht besonders genannt wird. Auch hierin teilt es das Loos der Grunddienstbarkeiten, von denen niemand bezweifeln wird, daß sie Gegenstand der Verwaltung sind. Derselben Ansicht über das Vorkaufsrecht ist Jäckel, Das RGes. über die Zwangsversteigerung und die Zwangsverwaltung, Anm. 1c zu §§ 20, 21 S. 92 Abs. 2, 3.

3. Weil ein solches Vorkaufsrecht als Bestandteil des Grundstücks gilt, so kann es der Schuldner selbst während der Verwaltung nicht ausüben (RGes. § 148 Abs. 2). Es wird aber, wenn der Fall der Ausübung während der Verwaltung eintritt und der Verwalter es nicht ausüben will, dem Schuldner freizugeben sein. Rechtlich unmöglich ist die Freigabe nicht. Denn das Vorkaufsrecht ist nicht wesentlicher Bestandteil des Grundstücks im Sinne vom § 93 des BGB.'s, sondern nur Bestandteil (§ 96 BGB.). Die Freigabe ist aber nicht Sache des Verwalters. Sie ist vielmehr Sache des Gläubigers; denn zu dessen Gunsten ist das Vorkaufsrecht Gegenstand der Beschlagnahme geworden. Der Verwalter ist zur Freigabe gar nicht befugt. Er kann zwar gewisse Rechte der Gläubiger

ausüben, insbesondre die Forderungen geltend machen, die diesen Rechten der Gläubiger unterworfen sind. Er kann auch die Ausübung unter Umständen unterlassen. Im Übrigen aber kann er nicht über die Gläubigerrechte verfügen. Insbesondre kann er nicht auf sie verzichten.

§ 16. Mietzins und Pachtzins.

I. Die Zwangsverwaltung erstreckt sich auf die Mietzins- und auf die Pachtzinsforderungen, die aus Verträgen herrühren, durch welche das Grundstück oder Theile des Grundstücks vermietet oder verpachtet worden sind. Das gilt nicht nur — wie früher in Sachsen — von dem Mietzins oder Pachtzins, der auf die Zeit der Zwangsverwaltung zu rechnen ist; die Zwangsverwaltung ergreift vielmehr auch den Zins für die Vergangenheit. Doch sind solche Forderungen frei, die zur Zeit der Beschlagnahme seit einem Jahre oder länger fällig sind; ausgenommen den Fall, daß sie etwa den Zins für eine spätere Zeit als das bei der Beschlagnahme laufende und das folgende Kalendervierteljahr bilden sollten (BGB. § 1123). Wäre z. B. die Beschlagnahme am 1. Juni 1905 erfolgt, so sind die Miet- und Pachtzinsforderungen frei, die am 31. Mai 1904 oder vorher, also etwa am 1. April 1904, fällig geworden waren; aber auch solche Forderungen sind nicht frei, wenn sie Zins für die Zeit vom 1. Oktober 1905 ab darstellen. Dieser letztere Fall wird übrigens kaum vorkommen; er könnte z. B. nur eintreten, wenn der Zins, der für das am 1. Oktober 1905 beginnende Vierteljahr oder Halbjahr oder Jahr zu entrichten ist, schon am 1. Juni 1904 oder vorher fällig geworden wäre, also etwa auf zwei Jahre vorausbezahlt werden müßte.

II. Natürlich können im allgemeinen nur solche Miet- und Pachtzinsforderungen Gegenstand der Zwangsverwaltung sein, die noch bestehen und auch dem Schuldner noch zustehen. Ist also der Mietzins oder Pachtzins vor der Beschlagnahme bezahlt oder einem Dritten abgetreten worden, so ist er nicht

Gegenstand der Zwangsverwaltung. Der Abtretung steht es gleich, wenn sich der Rechtsvorgänger des Schuldners, als er diesem das Grundstück veräußerte, die Zinsforderung vorbehalten hat. Auch kann die Miet- oder Pachtzinsforderung im allgemeinen nur so Gegenstand der Zwangsverwaltung sein, wie sie zur Zeit der Beschlagnahme ist. Wenn daher zu dieser Zeit ein Dritter ein Recht an der Forderung hat (z. B. einen Nießbrauch oder ein Pfandrecht, insbesondre ein durch Pfändung erlangtes Pfandrecht), so muß der Verwalter dieses Recht beachten (BGB. § 1124 Abs. 2 und 3; RGes. § 20 Abs. 2, § 146 Abs. 1).

Diese Regeln erscheinen auf den ersten Blick selbstverständlich. Es giebt jedoch eine Ausnahme von ihnen: Dem Verwalter gegenüber ist alles unwirksam, was sich auf Miet- oder Pachtzins für eine spätere Zeit, als das bei der Beschlagnahme laufende und das folgende Kalendervierteljahr bezieht. Ist die Beschlagnahme am 1. Juni 1901 erfolgt und der Zins auf die Zeit vom 1. Oktober 1901 bis 31. Dezember 1901 schon am 2. Januar 1901 bezahlt worden, so kann ihn der Verwalter nochmals verlangen. Das gilt auch dann, wenn der Zins bei der Zahlung (2. Januar 1901) fällig gewesen ist, also etwa jährlich vorauszubezahlen war. Namentlich bei Pachtzins kann das wichtig werden. Wenn ferner der Zins auf das am 1. Oktober 1901 beginnende Vierteljahr im Mai abgetreten oder verpfändet worden ist, so braucht sich der Verwalter um die Abtretung oder die Verpfändung nicht zu kümmern (BGB. § 1124 Abs. 2). Auch eine Pfändung wäre dem Verwalter gegenüber insoweit unwirksam, als sie den Zins für das am 1. Oktober 1901 beginnende Vierteljahr beträfe.

Eine Aufrechnung gegen den Miet- oder Pachtzins, der auf eine spätere Zeit zu rechnen ist, als das bei der Beschlagnahme laufende und das folgende Kalendervierteljahr, hat ebenfalls dem Verwalter gegenüber keine Wirkung. Das ergiebt sich für Aufrechnungen, die der Mieter oder Pächter erklärt, aus BGB. § 1125, für solche aber, die vom Schuldner erklärt werden, aus BGB. § 1124 Abs. 1 Satz 1 (zu vgl. RGes. § 20 Abs. 2, § 146 Abs. 1).

III. Bezahlungen, Abtretungen, Verpfändungen, Pfändungen u. s. f., die Zins betreffen, der nicht frei geworden ist, und nach der Beschlagnahme erfolgen, sind dem Verwalter gegenüber unwirksam. Doch wird dies zu Gunsten des Mieters oder Pächters eingeschränkt: Dieser wird in seinem guten Glauben geschützt. Das Nähere hierüber ist schon oben im § 3 gesagt worden.

Wird nach der Beschlagnahme gegen den Zins aufgerechnet, so ist das dem Verwalter gegenüber nicht so unbedingt unwirksam, wie eine nach der Beschlagnahme erfolgte Zahlung; selbst dann nicht, wenn der Mieter oder Pächter die Beschlagnahme gekannt hat. Zwar eine Aufrechnung gegen den Miet- oder Pachtzins, der auf eine spätere Zeit, als das bei der Beschlagnahme laufende und das folgende Kalendervierteljahr zu rechnen ist, kann nach der Beschlagnahme ebensowenig mit Wirksamkeit gegen den Verwalter erfolgen, als vorher. Bei der Aufrechnung gegen sonstige Miet- oder Pachtzinsansprüche aber kommt es nicht darauf an, wann sie erklärt wird, sondern darauf, wann der Gegenanspruch erworben und fällig geworden ist. Gehörte der Gegenanspruch dem Mieter oder Pächter schon vor der Beschlagnahme und war er auch schon vor der Beschlagnahme fällig, so war zur Zeit der Beschlagnahme der Mieter oder Pächter zur Aufrechnung befugt. Diese Befugnis war für ihn sehr wertvoll. Es verhält sich hier anders als bei der Zahlung. Wenn dem Mieter oder Pächter die zur Zeit der Beschlagnahme vorhandene Befugnis genommen wird, an den Schuldner zu zahlen, so ist das kein Nachteil für ihn; es ist für ihn gleichgültig, ob er an den Schuldner oder an den Verwalter zahlt. Dagegen wäre es eine Härte, wenn er an den Verwalter zahlen müßte, obgleich er schon vor der Beschlagnahme die Befugnis erworben hätte, gegen den Schuldner aufzurechnen: Er verlöre dadurch ein Mittel, sich Befriedigung wegen seines Gegenanspruchs zu verschaffen. Deshalb darf er die Aufrechnung auch noch nach der Beschlagnahme erklären. Ja, wenn er seine Gegenforderung vor der Beschlagnahme erworben hat, so darf er unter Umständen selbst dann aufrechnen, wenn sie erst nach der Beschlagnahme fällig geworden ist; es wird nur erfordert, daß seine Miet- oder Pachtzinsschuld nicht früher fällig geworden sei. War nämlich seine Gegenforderung vor der Beschlagnahme entstanden, so hatte er vor der Beschlagnahme die sichere Aussicht, sie gegen solche Miet- oder Pachtzinsraten aufzurechnen, die gleichzeitig oder später fällig werden würden. Solche Raten dagegen, die früher fällig werden würden, war er verpflichtet, im Zeitpunkt ihrer Fälligkeit bar zu bezahlen. Auch diese Rechtslage soll ihm durch die Beschlagnahme nicht verschlechtert werden (BGB. § 392).

§ 17. Versicherungsansprüche.

I. Wenn Gegenstände, die der Zwangsverwaltung unterliegen, für den Schuldner versichert sind, so erstreckt sich die Zwangsverwaltung auf die Forderung gegen den Versicherer. War daher ein solcher Gegenstand vor der Beschlagnahme untergegangen oder beschädigt worden, so kann der Verwalter die Versicherungssumme erheben. Namentlich aber kann er sie dann erheben, wenn der Unfall, der den Anspruch auf die Versicherungssumme begründet, erst nach der Beschlagnahme eintritt.

II. Auch hier entsteht die Frage, ob und welche Forderungen auf die Versicherungssumme von der Zwangsverwaltung frei werden, sowie welche Verfügungen dem Verwalter gegenüber wirksam seien.

1. Auf diese Frage giebt es zunächst eine ganz allgemein geltende Antwort: Jede Forderung auf eine Versicherungssumme wird dann frei, wenn der versicherte Gegenstand wieder hergestellt oder für ihn Ersatz beschafft ist (BGB. § 1127 Abs. 2).

2. Im übrigen sind zwei Fälle zu unterscheiden: Der Versicherer ist entweder verpflichtet, die Versicherungssumme zur Wiederherstellung des versicherten Gegenstandes zu zahlen; oder er ist verpflichtet, die Versicherungssumme, wenn einmal der Schaden eingetreten ist, schlechthin zu bezahlen.

a. Daß der Versicherer nur verpflichtet ist, die Versicherungssumme zur Wiederherstellung des versicherten Gegenstandes zu zahlen, kommt bei der sächsischen Gebäudeversicherung gegen Feuer vor (§ 111 des Gesetzes vom 15. Oktober 1886, GVBl. S. 263). Hier ist nach § 1130 des BGB.'s eine Zahlung an den versicherten Schuldner, die den Versicherungsbestimmungen entspricht und vor der Beschlagnahme erfolgt ist, dem Verwalter gegenüber wirksam. Diese Vorschrift wird auch angewendet werden können auf Zahlungen nicht an den Versicherten selbst, sondern an Personen, denen er die Forderung ganz oder teilweise abgetreten hat, vorausgesetzt, daß die Zahlungen der Wiederherstellung des Gebäudes dienen und insofern auch dem Versicherten zu gute kommen. Der Fall liegt vor, wenn die Forderung zu dem Zwecke abgetreten worden ist, den Erwerber wegen Ansprüchen zu befriedigen, die ihm an den Versicherten auf Grund der Wiederherstellung des Gebäudes zustanden, insbesondere für Lieferung von Bauholz oder von sonstigen Baumaterialien oder für Gewährung von Vorschüssen oder für Übernahme der Wiederherstellung überhaupt (§ 116 des sächs. Gesetzes vom 15. Oktober 1886). Die Erstreckung des § 1130 des BGB.'s auf diesen Fall ist um so unbedenklicher, als die Worte „an den Versicherten" erst nachträglich in den § 1130 eingeschaltet worden sind und nicht in der Absicht, eine sachliche Änderung zu treffen, sondern allein aus redaktionellen Gründen.

Nach dem sächsischen Gesetze vom 15. Oktober 1886 sind unter Umständen auch andre Abtretungen wirksam. Das wesentlichste Erfordernis ihrer Wirksamkeit war die Zustimmung der Hypothekengläubiger (§ 117 Abs. 1 unter a des sächs. Gesetzes). Jetzt dagegen sind die Rücksichten auf die

Hypothekengläubiger ausreichend gewahrt, wenn ihnen gegenüber nach den unten unter b, aa mitgeteilten Vorschriften verfahren worden ist. Denn die Bestimmungen im § 1128 des BGB.'s gelten allemal dann, wenn ein Gebäude versichert ist, und daß im Sinne des § 1128 eine Zahlung an denjenigen, dem der Versicherte die Forderung auf die Versicherungssumme abgetreten hat, der Zahlung an den Versicherten gleichsteht, wird nicht zweifelhaft sein. Schon der Art. 120 Abs. 2 Nr. 3 des Einf.-Ges. zum BGB. beweist, daß mit Zustimmung der Hypothekengläubiger auch andre Verfügungen über den Anspruch auf die Versicherungssumme denkbar sind, als Zahlungen an den Versicherten. Den Hypothekengläubigern stehen aber künftig die Grundschuld- und die Rentenschuldgläubiger gleich (§ 33 des sächs. Ausf.-Ges. zum BGB. vom 18. Juni 1898, GVBl. S. 196). Nach dem sächsischen Gesetze vom 15. Oktober 1886 war ferner eine Ergänzung der Zustimmung der Hypothekengläubiger zulässig (§ 117 Abs. 1 unter a). Jetzt kann statt dessen vom Grundbuchamte festgestellt werden, daß die Abtretung für die Hypotheken-, Grundschuld- und Rentenschuldgläubiger unschädlich ist (Einf.-Ges. zum BGB. Art. 120 Abs. 2 Nr. 3; § 53 Abs. 1, §§ 54, 21 des sächs. Ausf.-Ges. vom 18. Juni 1898).

Die Wirksamkeit der Abtretung hat noch andre Erfordernisse, als die Berücksichtigung der Rechte der Hypotheken-, Grundschuld- und Rentenschuldgläubiger. Das Nähere hierüber ergiebt sich aus dem § 117 des sächs. Gesetzes vom 15. Oktober 1886.

Gegenüber persönlichen Gläubigern, die etwa die Zwangsverwaltung betreiben, ist jede Verfügung über die Versicherungssumme wirksam, die vor der Beschlagnahme gültig erfolgt ist; gültig, d. h. unter Beobachtung sowohl der allgemeinen privatrechtlichen Vorschriften als auch der Sonderbestimmungen des Gesetzes vom 15. Oktober 1886. Zwar wird der Anspruch auf die Versicherungssumme auch zu Gunsten der persönlichen Gläubiger, welche die Verwaltung betreiben, von der Beschlagnahme ergriffen. Er kann aber nur ergriffen werden, wenn er zur Zeit der Beschlagnahme besteht, und kann nur so ergriffen werden, wie er besteht.

Nach der Beschlagnahme kann nicht mehr an den versicherten Schuldner, sondern nur an den Verwalter wirksam gezahlt werden. Das folgt schon daraus, daß die Versicherungssumme verbunden mit dem Grundstücke Gegenstand der Vollstreckung sein kann (§ 112 des sächs. Gesetzes); namentlich aber ergiebt es sich aus § 152 Abs. 1 Halbs. 2 des Reichsgesetzes. Doch kann der Verwalter auch nur beanspruchen, daß die Zahlung nach den Versicherungsbestimmungen erfolge, insbesondre also zur Wiederherstellung des Gebäudes. Auch ist die Beschlagnahme der Landesbrandversicherungsanstalt gegenüber nur unter denselben Voraussetzungen wirksam, wie gegen einen Mieter oder Pächter (zu vgl. oben § 3, § 16 unter III a. Anf.).

In Preußen wird nach den Reglements mancher öffentlicher Feuerversicherungsanstalten die Versicherungssumme auch nur zur Wiederherstellung des Gebäudes bezahlt; der Verwalter muß gegebenenfalls das Reglement prüfen. In Bayern zahlt die Brandversicherungsanstalt für Gebäude rechts des Rheins in der Regel auch nur zum Wiederaufbau des abgebrannten Gebäudes (Art. 38 bis 40 des Gesetzes vom 3. April 1875, GVBl. S. 279 flg.; Art. 164 Nr. VI des Ausf.-Ges. zum BGB. vom 9. Juni 1899).

b. In der Regel ist der Versicherer, wenn einmal der Schaden eingetreten ist, verpflichtet, die Versicherungssumme schlechthin zu zahlen; d. h. er hat sich nicht darum zu kümmern, wozu der Versicherte das Geld verwendet. Unter welchen Umständen in einem solchen Falle Verfügungen über die Forderung, die vor der Beschlagnahme getroffen worden sind, dem Verwalter gegenüber Wirkung haben, ist verschieden; es kommt darauf an, was versichert ist.

aa. Ist ein Gebäude versichert, z. B. gegen Wassersgefahr, so ist eine vor der Beschlagnahme erfolgte Zahlung dem Verwalter gegenüber wirksam, wenn der Gläubiger, für den die Verwaltung geführt wird, keine Hypothek am Grundstücke hat, sondern nur einen vollstreckbaren Schuldtitel für eine persönliche Forderung. Dasselbe gilt, wenn zwar dem Gläubiger eine Hypothek am Grundstücke zusteht, dieses Recht aber erst nach der Zahlung entstanden ist. Bestand dagegen die Hypothek des Gläubigers schon zur Zeit der Zahlung, so wirkt diese nur unter gewissen Voraussetzungen gegen den Verwalter: Der Eintritt des Schadens muß dem Inhaber der Hypothek vor der Zahlung vom Versicherer oder vom Versicherten angezeigt worden sein; zwischen dem Empfange der Anzeige und der Zahlung muß mindestens ein Monat inneliegen; innerhalb des Monats darf der Hypothekengläubiger der Zahlung nicht widersprochen haben. — Unter Umständen läuft die Monatsfrist nicht von der Anzeige. Die Anzeige darf nämlich unterbleiben, wenn sie unthunlich, z. B. der Hypothekengläubiger nicht bekannt oder nicht aufzufinden ist. Dann läuft die Monatsfrist von der Fälligkeit der Versicherungssumme an (BGB. § 1128 Abs. 1). Hat der Hypothekengläubiger rechtzeitig der Zahlung widersprochen oder ist ihm der Eintritt des Schadens nicht angezeigt worden, obgleich die Anzeige thunlich war, so ist die Zahlung dem Verwalter gegenüber unwirksam. Den Hypotheken stehen die Grundschulden und Rentenschulden auch hier völlig gleich.

Auch über den Anspruch auf eine solche Versicherungssumme kann in anderer Weise als durch Zahlung verfügt werden; insbesondre durch Abtretung, Verpfändung oder Aufrechnung. Auch das hat der Verwalter, wenn es vor der Beschlagnahme geschieht, dann gegen sich gelten zu lassen, wenn die Verwaltung nicht für einen Hypotheken-, Grundschuld- oder Rentenschuldgläubiger geführt wird, oder wenn die Hypothek, Grundschuld oder Rentenschuld, für deren Inhaber die Verwaltung geführt wird, zur Zeit der Verfügung noch nicht bestand.

Wird dagegen die Verwaltung für einen Hypothekengläubiger geführt, dessen Hypothek zur Zeit der Verfügung schon bestand, so ist die Verfügung so zu beurteilen, als ob der Anspruch auf die Versicherungssumme dem Hypothekengläubiger verpfändet gewesen wäre (BGB. § 1128 Abs. 2). Es kommt also im allgemeinen darauf an, ob der Versicherer zur Zeit der Verfügung die Hypothek gekannt hat (BGB. §§ 1275, 407): Hat er sie nicht gekannt, so wirkt die Verfügung gerade so, als ob die Hypothek nicht bestanden hätte. Besonderes aber gilt bei der Aufrechnung: Der Versicherer kann gegenüber dem Anspruch auf die Versicherungssumme aufrechnen, selbst wenn er die Hypothek kennt, vorausgesetzt nur, daß er sie nicht schon beim Erwerbe seiner Gegenforderung gekannt hat, oder daß seine Gegenforderung nicht erst zu einer Zeit fällig geworden ist, wo er die Hypothek schon kannte und die Forderung auf die Versicherungssumme schon fällig war (BGB. § 1275, 406; zu vgl. oben § 16, III). Für den zweiten dieser Fälle ein Beispiel: Der Versicherer hat am 1. April 1900 das Gebäude gegen Wassersgefahr versichert. Am 15. Juli gewährt er dem Versicherten ein Darlehn, zahlbar nach drei Monaten. Am 12. September wird das Gebäude vom Wasser beschädigt. Die Versicherungssumme wird nach den Versicherungsbedingungen am 19. September fällig. Am 1. Oktober erlangt der Versicherer Kenntnis von der Hypothek, und am 15. Oktober wird sein Darlehn fällig. Rechnet er am 20. Oktober auf, so nützt ihm das, wenn der Hypothekengläubiger die Zwangsversteigerung herbeiführt, nichts; er muß trotz der Aufrechnung die Versicherungssumme an den Verwalter zahlen. Wäre dagegen das Darlehn am 15. August fällig geworden, so hätte damit der Versicherer am 15. Oktober gegen die Versicherungssumme aufrechnen können, obgleich er von der Hypothek schon am 1. Oktober Kenntnis erhalten hatte. Ja es hätte schon genügt, wenn das Darlehn am 30. September fällig geworden wäre. Denn dann wäre es zwar später fällig geworden als die Versicherungssumme, aber doch früher, als der Versicherer von der Hypothek Kenntnis erhalten hätte. Er wäre also in gutem Glauben in die Lage gekommen, aufzurechnen. Diese Lage bleibt ihm erhalten.

Man darf freilich nicht glauben, daß der gute Glaube, der in der Unkenntnis von einer Hypothek besteht, praktisch eine große Bedeutung habe. Denn wenn die Hypothek eingetragen ist, so gilt sie als dem Versicherer bekannt (BGB. § 1128 Abs. 2). Der gute Glaube hat also nur dann Bedeutung, wenn die Hypothek besteht, obwohl sie nicht eingetragen steht; z. B. wenn sie ungültigerweise gelöscht ist.

Von den Grundschulden und den Rentenschulden gilt auch hier dasselbe, wie von den Hypotheken.

bb. Ist etwas Anderes versichert, als ein Gebäude, z. B. das Vieh, das zu dem von der Hypothek ergriffenen Zubehör eines Landgutes gehört, oder die gleichfalls von der Hypothek ergriffene anstehende Ernte eines solchen Gutes, so ist das Verhältnis des Verwalters zur Versicherungssumme ähnlich wie bei Miet- und Pachtzinsen (BGB. § 1129): Nach Ablauf eines Jahres vom Eintritt der Fälligkeit wird die Versicherungssumme frei, wenn nicht vorher die Beschlagnahme erfolgt, und zwar selbst dann, wenn sie der Schuldner selbst zu beanspruchen hat (BGB. § 1123 Abs. 2 Satz 1). Verfügungen aber, die zu Gunsten eines Dritten über den Anspruch auf die Versicherungssumme getroffen werden, wirken gegen den Verwalter auch dann, wenn sie erst kurz vor der Beschlagnahme stattfinden (BGB. § 1124 Abs. 1 und 3). Nimmt z. B. der Schuldner am Tage vor der Beschlagnahme die Versicherungssumme vom Versicherer an, so kann sie der Verwalter nicht nochmals fordern. Die Ausnahmen, die beim Pacht- und Mietzins dann eintreten, wenn der Zins, über den verfügt wird, auf eine spätere Zeit zu leisten ist, als auf das bei der Beschlagnahme laufende und das folgende Kalendervierteljahr, kommen hier nicht vor. Denn Versicherungssummen werden nicht für eine bestimmte künftige Zeit gezahlt, sondern zur Ausgleichung eines vergangenen Schadens. Deshalb werden

§ 1123 Abs. 2 Satz 2, § 1124 Abs. 2, § 1125 des BGB.'s im § 1129 nicht mit genannt.

§ 18. Das auf Anfechtungsansprüche Zurückgewährte.

Die Zwangsverwaltung ergreift endlich solche Gegenstände, die der Schuldner anfechtbarerweise zum Nachteil der Gläubiger veräußert hatte, wenn sie vom Erwerber zu dem der Zwangsverwaltung unterliegenden Grundstücke zurückgewährt werden. Das kann namentlich infolge eines Anfechtungsprozesses geschehen. Doch darf einen solchen Prozeß nicht der Verwalter führen, sondern nur der Gläubiger.

Viertes Kapitel.

Die Verwaltung.

I. Allgemeines.

§ 19. Die Zwangsverwaltung überhaupt.

Die Zwangsverwaltung hat den Zweck, dem Gläubiger, für den sie geführt wird, Befriedigung zu verschaffen. Darin stimmt sie mit der Zwangsversteigerung überein. Zugleich soll aber, und darin liegt der Unterschied von der Zwangsversteigerung, Rücksicht auf den Schuldner genommen werden: Das Grundstück soll ihm erhalten bleiben, und zwar in seinem wirtschaftlichen Bestande. Der Verwalter darf also das Grundstück nicht ausbeuten, sondern er muß es ordnungsmäßig benutzen.

Er ist daher im allgemeinen berechtigt und verpflichtet, alle Handlungen vorzunehmen, die erforderlich sind, um das Grundstück in seinem wirtschaftlichen Bestande zu erhalten und ordnungsmäßig zu benutzeu (RGes. § 152 Abs. 1).

§ 20. Unmittelbare und mittelbare Benutzung.

I. Die Benutzung des Grundstücks kann eine unmittelbare sein: Der Verwalter kann bei einem Landgute die Landwirtschaft, bei einer Fabrik die Fabrikation selbst betreiben. Die Benutzung kann aber auch eine mittelbare sein: Der Verwalter kann das Grundstück vermieten oder verpachten.

II. Die Entschließung darüber, welcher Weg vorzuziehen sei, wird nicht selten durch die vorgefundenen Verhältnisse erleichtert werden: Wohnhäuser können in der Regel nur durch Vermieten für die Zwecke der Verwaltung nutzbar gemacht werden. Ist ferner das Grundstück vor der Beschlagnahme einem Mieter oder Pächter schon überlassen, so ist der Miet- oder Pachtvertrag auch dem Verwalter gegenüber wirksam (RGes. § 152 Abs. 2). Läuft also der Vertrag noch eine längere Zeit, so weiß der Verwalter wenigstens dann genau, was er zu thun hat, wenn er bei sorgfältiger Prüfung annehmen muß, daß die Verwaltung weniger lange dauern werde.

III. In anderen Fällen bedarf es der Wahl zwischen den beiden möglichen Arten der Benutzung; und zu den anderen Fällen gehören auch solche, wo das Ende der Miet- oder Pachtverhältnisse durch Kündigung für einen Zeitpunkt herbeigeführt werden kann, wo die Verwaltung voraussichtlich noch nicht beendigt ist.

Bei der Entschließung hat sich der Verwalter zunächst zu fragen, ob er die nötigen Sachkenntnisse und die nötige Zeit für eine unmittelbare Verwaltung besitze oder doch darauf rechnen dürfe, jederzeit jemanden zu finden, der als sein Angestellter den Betrieb besorgen könnte. Sodann steigert die unmittelbare Verwaltung zwar vielleicht den Rohertrag, aber sie erhöht auch die Kosten und die Verantwortung. Andrerseits wird nicht immer Aussicht darauf sein, Mieter oder Pächter zu finden.

Der Verwalter ist nicht immer genötigt, sich die Frage selbst zu beantworten. In der Regel sogar wird es das Gericht für erforderlich halten, in den seltenen Fällen, die zweifelhaft sein können, diese Hauptfrage unter Zuziehung von Sachverständigen eingehend zu erörtern und dann durch Anweisung an den Verwalter (oben § 6) zu entscheiden.

IV. Wird das Grundstück durch Vermietung oder Verpachtung genützt, so hat sich der Verwalter mit dem Miet- oder Pachtrechte möglichst vertraut zu machen.

II. Herstellung des erforderlichen Verhältnisses zu den Gegenständen der Verwaltung.

§ 21. Beschränkungen des Besitzanspruchs des Verwalters.

Bei dem Grundstück und bei den beweglichen Sachen, worauf sich die Beschlagnahme erstreckt, bedarf der Verwalter in der Regel des Besitzes, um die Verwaltung auszuüben. Er hat deshalb im allgemeinen auch Anspruch auf den Besitz. Doch ist dieser Anspruch nicht unbeschränkt. Er ist beschränkt sowohl zu Gunsten des Schuldners, als auch zu Gunsten der Mieter und Pächter.

I. Der Schuldner hat, wenn er schon zur Zeit der Beschlagnahme auf dem Grundstücke wohnt, ein Recht auf die Räume, die für seinen Hausstand unentbehrlich sind (RGes. § 149 Abs. 1). Dieses Recht wird auch das Zubehör der Räume ergreifen; doch nur insoweit, als es den Zwecken des Hausstandes zu dienen bestimmt und dafür unentbehrlich ist. Ob sonstiges Zubehör nicht auch in den Räumen belassen werden muß, weil sonst das Grundstück nicht in seinem wirtschaftlichen Bestande erhalten bliebe (RGes. § 152 Abs. 1), ist eine Frage des einzelnen Falles.

Ebenso ist es eine Frage des einzelnen Falles, welche Räume für den Hausstand unentbehrlich seien. Es ist insbesondre möglich, daß gewisse Räume zwar nicht auf die Dauer, aber doch vorläufig unentbehrlich sind, z. B. wenn in ihnen ein krankes Familienmitglied des Schuldners liegt, das nicht transportfähig ist oder für die Dauer der Krankheit eines besonderen Raumes bedarf. Streitigkeiten darüber, was für den Hausstand des Schuldners unentbehrlich sei, entscheidet das Gericht (CPO. § 766).

Der Schuldner verliert das Recht auf Belassung der Räume, wenn er oder ein Mitglied seines Hausstandes das Gründstück oder die Verwaltung gefährdet. Dann kann beim Gerichte beantragt werden, ihm die Räumung des Grundstücks aufzugeben. Von Amtswegen aber darf das Gericht den Schuldner nicht zur Räumung anhalten. Der Verwalter wird daher, da er nicht Beteiligter, sondern nur Beauftragter des Gerichts ist, den Antrag nicht stellen können. Bisher war es freilich anders, sowohl nach sächsischem als auch nach preußischem Rechte (sächs. Ges. vom. 15. August 1884 § 191 Satz 2, preuß. Ges. vom 13. Juli 1883 § 141 Satz 3): Da hatte das Gericht von Amtswegen einzuschreiten, und etwaige Anträge waren nur Anregungen zu einem Einschreiten von Amtswegen, konnten also auch vom Verwalter ausgehen. Die meisten Schriftsteller nehmen aber an, daß der Verwalter den Antrag auch jetzt noch stellen könne. Freilich sind sie in Meinungsverschiedenheit darüber, ob er bei Ablehnung des Antrags das Beschwerderecht habe; diese Meinungsverschiedenheit scheint zu beweisen, daß die Anerkennung seines Antragsrechtes nicht unbedenklich ist. Im allgemeinen wird der Verwalter am vorsichtigsten handeln, wenn er den Gläubiger zur Stellung des Antrags veranlaßt. Doch nimmt die preußische Instruktion (§ 3 Abs. 2) an, daß er den Antrag selbst stellen könne. Preußische Verwalter haben sich danach zu richten.

II. Miet- oder Pachtverträge sind auch dem Verwalter gegenüber wirksam, wenn das Grundstück oder dessen vermietete oder verpachtete Teile (BGB. § 865) den Mietern oder Pächtern schon vor der Beschlagnahme überlassen waren (RGes. § 152 Abs. 2). Soweit solche Mieter oder Pächter im Besitze sind und Anspruch auf den Besitz haben, ist die

Befugnis des Verwalters zur Besitzergreifung beschränkt. Doch kann der Verwalter, wie alle Rechte des Schuldners aus den Miet- oder Pachtverträgen, so auch dessen Kündigungsrecht ausüben (RGes. § 148 Abs. 2). Auch hat er solchen Mietern und Pächtern gegenüber den mittelbaren Besitz (§§ 868, 871 des BGB.'s).

§ 22. Erforderlichkeit der Besitzergreifung und Ähnliches.

I. Soweit dem Verwalter der Besitz zukommt, bedarf er dessen auch zur Ausübung der Verwaltung. Er braucht den Besitz, wenn er eine unmittelbare Benutzung beabsichtigt (oben § 20). Er braucht ihn aber auch dann, wenn er das Grundstück vermieten oder verpachten will; denn er muß es dann übergeben können. Er braucht ferner den Besitz von Teilen des Grundstücks, wenn er Teile vermieten oder verpachten will (BGB. § 865). In allen diesen Fällen muß er dafür sorgen, daß er den Besitz auch erhält.

II. Soweit es sich dagegen nur darum handelt, Mietern oder Pächtern gegenüber den mittelbaren Besitz zu erlangen, bedarf es keiner besonderen Besitzergreifung. Der mittelbare Besitz tritt mit der Ernennung des Verwalters ein; denn er entsteht mit dem Rechtsverhältnis, das ihn vermittelt (BGB. § 868).

Doch ist damit die Wirksamkeit der Rechtsstellung des Verwalters den Mietern oder Pächtern gegenüber nicht gesichert: Erstens kann der Schuldner noch rechtlich wirksam über den Zins verfügen (oben § 3). Zweitens kann der Verwalter nicht erwarten, daß die Mieter oder Pächter ihn ohne weiteres das Grundstück besichtigen oder Ausbesserungen vornehmen lassen oder ohne weiteres während der Dauer der Verwaltung Einmischungen des Schuldners als unbefugt zurückweisen werden. Wenn es also auch hier keiner eigentlichen Besitzergreifung bedarf, eine thatsächliche Sicherung der Stellung des Verwalters ist nötig. Diese Sicherung kann dadurch herbeigeführt werden, daß der Verwalter den Mietern oder Pächtern unter Vorlegung seiner Legitimation (oben § 5) seine Bestellung mitteilt. Ist er nicht gewiß, es nur mit gutwilligen Mietern oder Pächtern zu thun zu haben, so wird er für die Beweisbarkeit der Mitteilung sorgen müssen. Er kann z. B. die Mieter oder Pächter eine Erklärung unterzeichnen lassen, wonach er ihnen an einem bestimmten Tage unter Vorlegung seiner Legitimation mitgeteilt hat, daß die Zwangsverwaltung eingeleitet und er zum Verwalter bestellt worden ist. Am wirksamsten ist es, wenn er ihnen ein gerichtliches Zahlungsverbot zustellen läßt (oben § 3). Ein solches Verbot wird von Amtswegen zugestellt (RGes. § 3, § 22 Abs. 2, § 146 Abs. 1, § 151 Abs. 3), und der Nachweis dafür kommt zu den Gerichtsakten.

In Preußen bestehen hierüber besondere Vorschriften (Preuß. Instr. § 2 Abs. 3).

§ 23. Besitzergreifung des Verwalters.

I. Soweit der Verwalter unmittelbaren Besitz braucht, kann er ihn auf verschiedene Weise erlangen, aber immer nur unter Mitwirkung des Gerichts (RGes. § 150). In Preußen kann unter besonderen Umständen (oben § 10 unter II) an der Stelle des Gerichts eine Kreditanstalt thätig werden.

1. Das Gericht kann den Verwalter ermächtigen, sich selbst den Besitz zu verschaffen. Das wird es namentlich dann thun, wenn das Grundstück nicht bewohnt oder aus anderen Gründen kein Widerstand zu erwarten und auch nicht vorauszusetzen ist, daß die Errichtung einer öffentlichen Urkunde über die Besitzergreifung rätlich sei. Der Verwalter hat sich dann auf das Grundstück zu begeben und Besitz davon zu ergreifen; natürlich auch von den beweglichen Gegenständen, auf die sich die Beschlagnahme erstreckt (oben §§ 12, 13). Von diesen wird er sofort ein Verzeichnis anfertigen oder anfertigen lassen;

denn er ist für sie verantwortlich. Sind sie nicht von ganz geringfügigem Werte, so wird er am besten thun, die Besitzergreifung zu unterlassen und nachträglich beim Gerichte die Übergabe durch einen Gerichtsvollzieher zu erbitten. In Sachsen kann er aber auch die Gegenstände durch zwei Ortsgerichtspersonen aufzeichnen lassen (§ 7 Abs. I und II der Dienstanweisung für die Ortsgerichtspersonen). In Preußen geht das nicht (Art. 108 — „im Auftrage des Amtsgerichts" —, Art. 119 Satz 2 des preuß. Ges. vom 21. September 1899, Gesetzsammlung S. 271, 273).

Die Besitzergreifung wird so geschehen können, daß der Verwalter auf dem Grundstücke selbst erklärt, er ergreife vom Grundstück und den aufgezeichneten beweglichen Sachen Besitz. Das wird er in Gegenwart von Zeugen zu thun haben; in Sachsen in Gegenwart der beiden Ortsgerichtspersonen, wenn er sie zugezogen hat.

Da das Gericht die Geschäftsführung des Verwalters zu beaufsichtigen hat (RGes. § 153 Abs. 1), so wird dieser, wenn er sich selbst den Besitz verschafft hat, dem Gerichte hiervon schriftlich Anzeige zu erstatten und eine Abschrift des Verzeichnisses der beweglichen Sachen beizufügen haben (Preuß. Instr. § 2 Abs. 2 Satz 2).

Wird der beabsichtigten Besitzergreifung Widerstand geleistet, so darf sich der Verwalter nicht selbst helfen; er hat vielmehr beim Gerichte die Übergabe des Grundstücks durch einen Gerichtsvollzieher zu beantragen. Manche Schriftsteller sind der Ansicht, daß der Verwalter nach §§ 892, 890 der CPO. selbst einen Gerichtsvollzieher zuziehen dürfe. Doch betrifft § 890 der CPO. nicht den Fall des § 885, und dieser liegt hier vor.

2. Das Gericht kann das Grundstück dem Verwalter durch einen Gerichtsvollzieher übergeben. Das wird namentlich dann geschehen, wenn nicht ausgeschlossen ist, daß Widerstand geleistet wird, oder wenn die Errichtung einer öffentlichen Urkunde über die Besitzergreifung zweckmäßig erscheint. In

Sachsen nimmt dann der Gerichtsvollzieher ein Protokoll auf. Das Protokoll enthält insbesondre ein genaues Verzeichnis der beweglichen Sachen, auf die sich die Beschlagnahme erstreckt. Es wird auch darin bekundet, daß das Grundstück und die verzeichneten Sachen dem Verwalter übergeben worden seien (Geschäfts-O. für die Kgl. Sächs. Justizbehörden v. J. 1896 § 1661 Abs. 3, § 1659 Abs. 3 Nr. 1, 2). Der Verwalter braucht also in diesem Falle nicht für den Beweis zu sorgen. Ebenso verhält es sich in Preußen (Preuß. Instr. § 2 Abs. 1 unter b).

Die Ueberwindung des etwa geleisteten Widerstands ist gleichsfalls Sache des Gerichtsvollziehers (CPO. § 758 Abs. 3, § 759).

3. Das Gericht kann dem Verwalter das Grundstück auch durch einen andern Beamten als einen Gerichtsvollzieher übergeben. Namentlich wird, wenn große Güter mit einem umfänglichen Inventar übergeben werden sollen, die Übergabe in der Regel durch einen richterlichen Beamten unter Aufnahme eines Protokolls erfolgen. Auch hier wird sich der Verwalter auf den Beamten verlassen dürfen und nur das Übergebene entgegen zu nehmen haben.

Einer besonderen Benachrichtigung des Schuldners von der Besitzergreifung bedarf es nicht. Denn dem Schuldner wird der gerichtliche Beschluß zugestellt, durch den die Zwangsverwaltung angeordnet ist. Schon mit dieser Zustellung wird die Beschlagnahme ihm gegenüber wirksam (§ 22 Abs. 1 Satz 1, § 146 Abs. 1 des RGes.); insbesondre verliert er mit ihr die Verwaltung und Benutzung des Grundstücks (RGes. § 148 Abs. 2). Daran, den Zeitpunkt der Besitzergreifung des Verwalters zu erfahren, hat er also kein berechtigtes Interesse.

II. Eine Besitzergreifung ist nicht ohne weiteres möglich, wenn sich das Grundstück oder mithaftende bewegliche Sachen im Besitz eines Andern als des Schuldners befinden und der Andere zur Herausgabe nicht bereit ist. Im Besitze eines Andern befindet sich aber das Grundstück nicht, wenn ein

Anderer den Besitz für den Schuldner in dessen Haushalt oder Erwerbsgeschäft oder in einem ähnlichen Verhältnis ausübt, vermöge dessen er den sich auf das Grundstück beziehenden Weisungen des Schuldners Folge zu leisten hat (BGB. § 855).

Ist das Grundstück im Besitz eines Andern, der zur Herausgabe nicht bereit ist, so hat der Verwalter, wenn er ermächtigt war, sich selbst den Besitz zu verschaffen, dem Gericht und dem Gläubiger das Hindernis anzuzeigen. Er selbst kann nichts thun. Er kann insbesondre den Besitzer nicht auf die Herausgabe verklagen, und zwar auch dann nicht, wenn der Besitzer dem Gläubiger zur Herausgabe verpflichtet ist; eine solche Verpflichtung wäre vom Gläubiger geltend zu machen. Wäre freilich der Dritte dem Schuldner zur Herausgabe verpflichtet und wäre die Geltendmachung der Verpflichtung dazu erforderlich, das Grundstück in seinem wirtschaftlichen Bestande zu erhalten und ordnungsmäßig zu benutzen, so hätte der Verwalter vorzugehen (§ 152 Abs. 1 des Gesetzes).

III. Unter Umständen verschafft die Besitzergreifung dem Verwalter keine vollständige Herrschaft über die Sache: Die Rechte an der Sache, die schon vor der Beschlagnahme bestanden haben, muß er gegen sich gelten lassen. Wenn aber einer der Gläubiger die Verwaltung kraft einer Hypothek, Grundschuld, Rentenschuld oder Reallast betreibt, so braucht der Verwalter solche Rechte am Grundstücke nicht gegen sich gelten zu lassen, die der Hypothek, Grundschuld, Rentenschuld oder Reallast im Range nachstehen.

§ 24. Herstellung des erforderlichen Verhältnisses zu den von der Verwaltung umfaßten Rechten.

Der Verwalter hat sich die Ausübung der Rechte, insbesondre der Forderungen, zu verschaffen, auf die sich die Zwangsverwaltung erstreckt.

I. Zunächst hat der Verwalter diese Rechte zu ermitteln. Er wird danach namentlich den Schuldner zu fragen haben, aber auch den Gläubiger. Den Schuldner kann er namentlich um Vorlegung etwaiger Einnahmebücher ersuchen. Auch kann er zur Feststellung des Betrags der Nutzungen die Mieter, Pächter und sonstigen Schuldner der von der Beschlagnahme ergriffenen Forderungen um Vorzeigung der ihnen bisher erteilten Quittungen angehen. Da er die Ansprüche, auf welche sich die Beschlagnahme erstreckt, geltend zu machen hat, so hat er nach § 810 des BGB.'s ein Recht auf Gestattung der Einsicht dieser Quittuugen.

Der Verwalter wird sich ein Verzeichnis der von der Zwangsverwaltung ergriffenen Rechte, die er ermittelt hat, anzulegen haben. In Sachsen ist es üblich, daß er eine Abschrift dieses Verzeichnisses dem Gericht einreicht, wenigstens insoweit, als sich die Rechte als Nutzungen des Grundstücks darstellen (Nutzungsverzeichnis). Das Gericht kann, da ihm die Aufsicht über die Geschäftsführung des Verwalters zusteht, die Einreichung eines solchen Verzeichnisses verlangen. Ein solches Verzeichnis kann sehr einfach eingerichtet sein (zu vgl. Anlage A, Anmerkung). Zu vgl. auch Preuß. Instr. § 2 Abs. 1 unter e.

II. Gehören Grunddienstbarkeiten zum Grundstück, so wird der Verwalter den Eigentümer oder den sonstigen Besitzer des dienenden Grundstücks unter Vorlegung seiner Legitimation (oben § 5, S. 12) von der Zwangsverwaltung in Kenntnis setzen. Sonst könnten leicht Schwierigkeiten entstehen, wenn die Grunddienstbarkeiten für die Zwecke der Verwaltung gegenüber einem Verpflichteten ausgeübt werden sollen, der von der Verwaltung nichts weiß. Nur wenn und so lange die Bewirtschaftung des Grundstücks trotz der Beschlagnahme in denselben Händen bleibt wie bisher, ist es nicht nötig, den Eigentümer oder Besitzer des dienenden Grundstücks von der Zwangsverwaltung zu benachrichtigen.

III. Gegenüber allen Schuldnern derjenigen Forderungen, auf die sich die Beschlagnahme erstreckt, wird der Verwalter seine Stellung in derselben Weise sichern können, wie oben am Ende des § 22 den Mietern und Pächtern gegenüber empfohlen worden ist.

§ 25. Sicherung der Beweismittel.

Der Verwalter wird sich die Beweismittel für seine Rechtsstellung sichern müssen; und zwar sowohl den Beweis, daß alle von der Beschlagnahme ergriffenen Sachen und Rechte in der That von ihr ergriffen sind, als auch den Beweis, daß die ergriffenen Rechte bestehen.

Welche Beweismittel hinsichtlich der Sachen zu beschaffen sind, ergiebt sich z. T. aus dem oben im § 23 Gesagten. Es kann aber das Eigentum des Schuldners an einer Sache bestritten werden, die nach ihrem äußerlichen Verhältnisse zur Hauptsache als von der Beschlagnahme ergriffen erscheint. Dann hat sich der Verwalter wegen der Beweismittel an den Schuldner zu wenden.

Vom Schuldner wird der Verwalter in der Regel auch die Beweismittel für das Bestehen der von der Beschlagnahme ergriffenen Rechte erhalten können.

Weigert sich der Schuldner, dem Verwalter vorhandene Urkunden auszuhändigen, so kann der Verwalter nach §§ 810, 811 des BGB.'s vorgehen. Er wird aber nicht darauf beschränkt sein. Er wird vielmehr wenigstens die Herausgabe solcher Urkunden, die als Beweismittel über die von der Beschlagnahme ergriffenen Forderungen vorhanden sind, im Wege der Zwangsvollstreckung erwirken können. Ausdrücklich freilich ist das für diesen Fall nicht vorgeschrieben; es besteht nur eine entsprechende Vorschrift für einen ähnlichen Fall (CPO. § 836 Abs. 3 Satz 2). Es darf aber erwartet werden, daß die Gerichte die Vorschrift auch zu Gunsten des Verwalters anwenden werden. Die Vorschrift ist zu Gunsten des Gläubigers gegeben, dem eine gepfändete Forderung im Wege der Zwangsvollstreckung überwiesen ist, und soll diesem die Geltendmachung der Forderung ermöglichen. Auch der Verwalter ist im Wege der Zwangsvollstreckung in die Lage gekommen, fremde Forderungen geltend zu machen; er ist dazu nicht nur berechtigt, sondern sogar verpflichtet (RGes. § 152 Abs. 1). Erkennt man nicht an, daß die Voraussetzungen analoger Anwendung des § 836 Abs. 3 Satz 2 zu Gunsten des Verwalters vorhanden sind, so kann die Vorschrift in Bezug auf die von der Zwangsverwaltung ergriffenen Ansprüche überhaupt nicht angewendet werden; denn der Gläubiger kann sie während der Zwangsverwaltung nicht geltend machen (CPO. § 865 Abs. 2 Satz 2, RGes. § 152 Abs. 1 Halbs. 2).

III. Aufrechterhaltung des erforderlichen Verhältnisses zu den Gegenständen der Verwaltung.

§ 26.

Der Verwalter hat das Verhältnis zu den Gegenständen der Beschlagnahme, dessen er zur Verwaltung bedarf, aufrecht zu erhalten. Er hat es sowohl gegen Störungen zu verteidigen, als auch gegen Versuche, es völlig aufzuheben. Er hat es auch wiederherzustellen, wenn es aufgehoben wird.

I. Soweit er Besitzer ist, kann er die mit dem Besitze verbundenen Rechte ausüben.

Gegen eigenmächtige Besitzstörung oder Besitzentsetzung kann er sich mit Gewalt wehren: Wird ihm eine bewegliche Sache weggenommen, auf die sich die Zwangsverwaltung erstreckt, so darf er sie dem Thäter mit Gewalt wieder abnehmen; doch gilt dies nur dann, wenn er den Thäter auf frischer That betrifft oder verfolgt, und nur während des Betreffens oder Verfolgens. Wird er ferner aus dem Besitze des Grundstücks gesetzt, so darf er sich dessen gleichfalls mit Gewalt wieder bemächtigen; doch muß er dann unmittelbar nach der Besitzentsetzung mit der Vorbereitung der Wiederbemächtigung beginnen, sie ohne Unterbrechung zu Ende führen und ihr die Wiederbemächtigung unmittelbar folgen lassen.

In der Regel wird dem Verwalter die Anwendung von Gewalt nicht zugemutet werden können. Jedenfalls aber kann er die Klagen wegen Besitzstörung oder wegen Besitzentziehung anstellen. Er kann auch die sonstigen Ansprüche geltend machen, die dem Schuldner auf die entzogene Sache oder auf Beseitigung der Störung zustehen. Denn er hat das Recht, alle Handlungen vorzunehmen, die erforderlich sind, das Grundstück in seinem wirtschaftlichen Bestande zu erhalten (RGes. § 152 Abs. 1). Beträgt der Wert des Gegenstandes nicht mehr als 300 Mark, so kann er die Klage selbst anbringen, und zwar beim Gerichtsschreiber des zuständigen Amtsgerichts. Andernfalls muß er sich an einen bei dem zuständigen Landgerichte zugelassenen Rechtsanwalt wenden.

II. Der Verwalter kann zur Wahrung seines Verhältnisses zu den Gegenständen der Verwaltung auch verpflichtet sein, verteidigungsweise Prozesse zu führen; z. B. wenn jemand behauptet, daß eine Sache, die der Verwalter als Zubehör des Grundstücks in Besitz genommen hat, niemals dem Schuldner gehört habe und also von der Verwaltung nicht ergriffen sei, und daraufhin den Verwalter aus irgend einem Rechtsgrund auf Herausgabe der Sache verklagt.

III. Unzulässigen Pfändungen solcher Gegenstände, die von der Verwaltung ergriffen sind, hat der Verwalter nach CPO. § 766 zu widersprechen. Wird sonst in unzulässiger Weise über die Gegenstände der Verwaltung verfügt, so wird sich der Verwalter, so lange nicht versucht wird, ihn aus dem Besitze zu setzen, dabei beruhigen können, daß die Verfügungen ihm gegenüber unwirksam sind. Ist es aber zweifelhaft, ob die Voraussetzungen der Unwirksamkeit vorliegen, so kann ein Feststellungsprozeß rätlich werden.

IV. Die Verwaltung im engeren Sinne.

§ 27. Die Erhaltung des Grundstücks.

I. Der Verwalter hat das Grundstück in seinem wirtschaftlichen Bestande zu erhalten. Aufwendungen also, die nötig sind, um einer Verschlechterung des Grundstücks vorzubeugen, hat er in jedem Falle vorzunehmen; auch dann, wenn das Bedürfnis dazu schon vor dem Beginne der Verwaltung eingetreten sein sollte. Der Verwalter hat das Grundstück auch zu versichern, wenn die Versicherung einer ordentlichen Wirtschaft entspricht.

Die Ausgaben, die erforderlich sind, um das Grundstück in seinem wirtschaftlichen Stande zu erhalten, insbesondere auch die Kosten wirtschaftlich gebotener Versicherungen, müssen in jedem Falle gemacht werden, auch wenn sie aus den Einkünften des Grundstücks nicht zu bestreiten sind (Preuß. Instr. § 12 Abs. 3 und 4). Es muß sie dann der Gläubiger tragen. Der Verwalter hat aber, wenn er erkennt, daß dieser Fall vorliegt, dem Gerichte sofort Anzeige zu machen. Das Gericht wird dann die Verwaltung aufheben (zu vgl. unten § 28 I 2).

II. Im Einzelnen gilt Folgendes:

1. Der Verwalter würde das Grundstück nicht in seinem wirtschaftlichen Bestande erhalten, wenn er es wesentlich änderte. Er darf nicht einen Park in Gemüsebeete verwandeln oder die Bäume darin schlagen lassen. Ist ohne wesentliche Änderung des Grundstücks eine Erzielung von Verwaltungserträgnissen nicht thunlich, so eignet es sich nicht zur Zwangsverwaltung. Der Verwalter hat dann dem Gericht Anzeige zu erstatten (zu vgl. unten § 28 I 2).

2. Von selbst versteht es sich, daß der Verwalter das Grundstück nicht in unwirtschaftlicher Weise ausbeuten darf. Insbesondre darf er, wenn sich auch die Verwaltung auf das Zubehör erstreckt, dieses doch nicht willkürlich veräußern; er darf nur innerhalb der Grenzen einer ordentlichen Wirtschaft darüber verfügen. Namentlich dürfen die natürlichen Früchte nur insoweit verwertet werden, als sie nicht zur Fortführung der Wirtschaft (z. B. zur Aussaat oder als Viehfutter) erforderlich sind. Den Stammbetrag von Versicherungsgeldern, gleichviel ob der Schuldner oder der Verwalter die Versicherung genommen hat, darf dieser höchstens insoweit als Teilungsmasse behandeln, als Gegenstand der Versicherung die Nutzungen des Grundstücks gewesen sind; zunächst müssen aber in diesem Falle die Verwaltungsausgaben daraus gedeckt werden, die bei ordentlicher Wirtschaft aus den Nutzungen

zu bestreiten sind. Ist das Grundstück selbst oder das Zubehör Gegenstand der Versicherung gewesen, so sind die Versicherungsgelder zunächst zur Ausgleichung des Schadens zu verwenden, für den sie bezahlt worden sind. Wenn das nicht ginge oder nicht zweckmäßig wäre, sind sie mündelmäßig anzulegen; nur die Zinsen dürfen dann als Nutzungen behandelt werden.

§ 28. Ordnungsmäßige Benutzung.

I. Der Verwalter hat das Grundstück ordnungsmäßig zu benutzen. An die Benutzungsart des Schuldners ist er nicht unbedingt gebunden; er darf aber nicht willkürlich davon abweichen, sondern nur dann, wenn die Abweichung bessere Erträgnisse verspricht; auch nur insoweit, als sie ohne wesentliche Änderung des Grundstücks möglich ist (oben § 27). Ist das Grundstück in so schlechtem Stande, daß eine ordnungsmäßige Benutzung nicht möglich ist, so hat er es, wenn das thunlich ist (zu vgl. unten unter 1), in denjenigen Stand zu bringen, der sie ermöglicht.

Was ordnungsmäßige Benutzung ist, richtet sich nach den Umständen. Zu bestimmen hat zunächst der Verwalter die Benutzungsart. Doch kann er durch richterliche Anweisung in seiner Entschließung beschränkt sein. Aber auch dann wird seine Auffassung häufig wichtig werden; das Gericht wird ihn nicht selten vor Erteilung der Anweisung zu Vorschlägen auffordern. Bei Prüfung der Frage, welche Benutzungsart zu bestimmen oder vorzuschlagen sei, hat der Verwalter besonders folgendes zu bedenken:

1. Eine Benutzung ist dann nicht ordnungsmäßig, wenn sie mehr Mittel erfordert, als verfügbar sind, also aus den Erträgnissen der Verwaltung gewonnen werden können (Preuß. Instr. § 12 Abs. 2). Dabei hat sich der Verwalter zu vergegenwärtigen, daß er in der Regel auf eine längere Dauer der Verwaltung nicht rechnen kann, daß diese infolge eines Antrags auf Zwangsversteigerung leicht ein rasches Ende findet. Auf weit aussehende Unternehmungen darf er sich also

in der Regel nicht einlassen. Von dieser Regel sind aber Ausnahmen denkbar:

a. Es giebt Grundstücke, die überhaupt nicht zwangsweise versteigert werden können. In Sachsen sind das Lehngüter, auf denen keine vollkommene Lehnshypothek haftet, und solche anwartschaftliche Grundstücke, die mit Hypotheken nur so belastet sind, daß Befriedigung ausschließlich im Wege der Zwangsverwaltung gesucht werden darf; Grundschulden und Rentenschulden stehen auch hier den Hypotheken gleich. In Preußen gilt dasselbe von Lehngütern und Familienfideikommißgütern, die nur mit Revenüenhypotheken, in Bayern von solchen Fideikommißgrundstücken, die nur mit Fideikommißschulden zweiter Klasse belastet sind.

b. Erfordert die Fortsetzung des Verfahrens besondere Aufwendungen, so kann das Gericht nach § 161 Abs. 3 des RGes. den nötigen Geldbetrag vom Gläubiger einfordern und, wenn er ihn nicht vorschießt, das Verfahren aufheben. Es kann sein, daß ein auf längere Dauer berechnetes Unternehmen, dessen Begründung aber besondere Aufwendungen erfordert, Aussicht auf Verwaltungserträgnisse bietet, während auf andere Weise solche nicht zu erzielen sind. Dann wird der Verwalter beim Gericht ein Vorgehen nach § 161 Abs. 3 des RGes. anzuregen haben.

c. Besondere Aufwendungen sind vielleicht zur Fortsetzung des Verfahrens nicht unbedingt nötig, würden aber die Aussichten der Verwaltung wesentlich verbessern. Dann kann der Verwalter den Gläubiger angehen, ob dieser sie wagen will.

2. Keine Vollstreckungsmaßregel darf weiter ausgedehnt werden, als zur Befriedigung des Gläubigers und zur Deckung der Kosten erforderlich ist. Das gilt auch von der Zwangsverwaltung. Sind also verschiedene Arten ordnungsmäßiger Benutzung möglich, so ist diejenige zu wählen, bei der für den Gläubiger voraussichtlich das meiste erzielt wird, also die Verwaltung am frühesten aufgehoben werden kann. Ist aber voraussichtlich bei keiner Art ordnungsmäßiger Benutzung ein

für die Befriedigung des Gläubigers verfügbarer Überschuß zu erzielen, so hat das der Verwalter dem Gericht anzuzeigen. Das Gericht wird dann nach Gehör der Parteien die Aufhebung der Verwaltung anordnen.

II. Im Einzelnen ist hervorzuheben:

1. Eine Baustelle für sich allein wird Gegenstand derjenigen Zwangsverwaltung, die zum Zwecke der Zwangsvollstreckung erfolgt, kaum jemals werden können. Denn ohne wesentliche Umgestaltung wird sie keinen Ertrag abwerfen, der die Kosten der Verwaltung überstiege, und zu wesentlicher Umgestaltung ist der Verwalter nicht befugt (zu vgl. oben § 27). Eine Baustelle kann aber Teil eines größeren Grundstücks sein, das seinerseits den Gegenstand der Zwangsverwaltung bildet. Zu dessen ordnungsmäßiger Benutzung kann die Aufführung eines Gebäudes auf ihr gehören. In der Regel aber wird sie der Verwalter in dem Stande zu lassen haben, in dem sie ist, und nur dafür sorgen, daß sie nicht durch Naturkräfte (Wasser) oder unbefugtes Abgraben u. dgl. verschlechtert werde. Vielleicht kann er sie als Lagerplatz vermieten oder benutzen.

2. Steht ein unvollendeter Neubau auf einem Teile des Grundstücks, das den Gegenstand der Zwangsverwaltung bildet, so ist es eine Frage des einzelnen Falles, ob zur ordnungsmäßigen Benutzung seine Vollendung oder nur seine Sicherung vor Schaden gehört. Daß ein unvollendeter Neubau für sich allein Gegenstand der Zwangsverwaltung zum Zwecke der Zwangsvollstreckung sei, ist nicht denkbar, ohne daß der Verwalter ihn vollenden läßt; denn nur wenn er vollendet ist, kann er Erträgnisse geben. Ob die Vollendung thunlich sei, ist nach den unter I. mitgeteilten Grundsätzen zu beurteilen.

3. Im einzelnen Falle ist es wohl möglich, daß die Ausübung eines von der Verwaltung ergriffenen Vorkaufsrechts (oben § 15, IV) zur ordnungsmäßigen Verwaltung gehört; insbesondere wenn ein Grundstück um einen geringen Preis erworben werden kann, dessen Besitz die Verwaltungserträgnisse sehr günstig beeinflussen würde.

§ 29. Gewinnung der Erträgnisse. 1. Begründung geeigneter Rechtsverhältnisse.

I. Der Verwalter kann in die Lage kommen, Rechtsverhältnisse zu begründen, aus denen Forderungen entstehen, deren Ertrag zu den Nutzungen des Grundstücks gehört. Insbesondre kommt hier der Abschluß von Miet- und Pachtverträgen in Betracht. Hierbei muß der Verwalter den Zweck der Verwaltung und seine eigene Verantwortlichkeit im Auge haben: Er darf nur an zahlungsfähige, zahlungswillige und, wenn er die Wahl hat, verträgliche Leute vermieten oder verpachten. Er muß möglichst günstige Bedingungen zu erzielen suchen; insbesondre Vorausbezahlung des Miet- oder Pachtzinses. Er muß auch berücksichtigen, daß vielleicht schon vor Beginn der Mietzeit die Zwangsversteigerung des Grundstücks erfolgt, wodurch er verhindert sein würde, das Grundstück dem Mieter oder Pächter zu übergeben. Für diesen Fall muß er also seine Haftung aus dem Vertrage ausschließen (zu vgl. Preuß. Instr. § 7 Abs. 1 unter a). Er wird ferner die Verträge schriftlich zu schließen und die Vertragsurkunden sorgfältig aufzubewahren haben. Miet- und Pachtverträge, die für länger als ein Jahr gelten sollen, bedürfen sogar schon nach Privatrecht der schriftlichen Form (BGB. §§ 566, 581).

Ob der Verwalter bei der Abschließung der Verträge im Namen des Schuldners oder im eigenen Namen zu handeln habe, ist streitig. Der Verwalter wird gut thun, dieser Meinungsverschiedenheit dadurch die Spitze abzubrechen, daß er „als Verwalter" thätig wird.

II. Ausdrückliche gesetzliche Bestimmungen darüber, auf wie lange der Verwalter vermieten oder verpachten dürfe, giebt es nicht. Bei Anwendung des bisherigen Rechts hat man in Sachsen angenommen, daß die Vorschriften vom Nießbrauche (Schurig, Subhastationsordnung S. 298), in Preußen, daß ähnliche Grundsätze, wie bei einer gesetzlichen Vertretung, anzuwenden seien (Krech und Fischer 3. Aufl. S. 473 Bemerkung 4). Nach dem neuen Rechte könnten die Gerichte zu jeder dieser Auffassungen gelangen. Für welche sie sich entscheiden werden, ist abzuwarten. Wendet man die Vorschriften an, die für den Nießbraucher gelten, so könnte der Schuldner nach Beendigung der Verwaltung die vom Verwalter geschlossenen Miet- und Pachtverträge unter Einhaltung der gesetzlichen Kündigungsfrist kündigen; und zwar Pachtungen für den Schluß eines Pachtjahrs, Mieten in der Regel für den Schluß eines Kalendervierteljahrs, wenn aber der Zins nach Monaten oder Wochen bemessen ist, für den Schluß eines Kalendermonats oder einer Kalenderwoche (BGB. §§ 595, 565). Kaum mehr gesichert sind die Mieter oder Pächter dann, wenn man annimmt, daß der Verwalter, da er Vertreter des Schuldners sei, auch ebenso lange vermieten könne, wie dieser selbst. Denn wenn es einmal zur Zwangsverwaltung gekommen ist, muß auch mit der Möglichkeit der Zwangsversteigerung gerechnet werden; und der Ersteher in der Zwangsversteigerung kann jedenfalls unter Einhaltung der gesetzlichen Kündigungsfristen auf die gesetzlichen Termine kündigen (RGes. § 57 Abs. 1 Satz 2). Eine Sicherung der Mieter oder Pächter liegt aber für beide Fälle darin, daß sich nach der Beendigung der Verwaltung sowohl der Schuldner als auch der Ersteher meist hüten werden, zahlungsfähigen Mietern oder Pächtern zu kündigen. Der Verwalter wird, wenn er auf längere Zeit vermietet oder verpachtet, einerseits, um nicht dem andern Teile schadensersatzpflichtig zu werden (§ 154 Satz 1, § 9 Nr. 2 des RGes.), sie darüber aufklären müssen, daß die Dauer des Verhältnisses rechtlich nicht gesichert ist; er wird auch diese Aufklärung, damit er sie jeder Zeit beweisen kann, in die Vertragsurkunde aufzunehmen haben. Andererseits wird er aber die Mieter oder Pächter auf die thatsächliche Sicherung hinweisen dürfen, die ihnen der eigene Vorteil des Erstehers oder des Schuldners gewährt.

Außerdem muß aber der Verwalter berücksichtigen, daß, wenn der Ersteher den Miet- oder Pachtvertrag nicht erfüllt, der Vermieter oder Verpächter nach § 571 Abs. 2 des BGB. für den Schaden haftet (RGes. § 57). Diese Haftung muß er also im Vertrage ausschließen (Preuß. Instr. § 7 Abs. 1 unter b). Dasselbe wie vom Ersteher würde vom Schuldner gelten, wenn die Gerichte die Meinung befolgen sollten, daß der Schuldner nach der Aufhebung der Verwaltung nicht an die Verträge des Verwalters gebunden sei.

Ob die Stellung des Verwalters nach den Grundsätzen von der gesetzlichen Vertretung oder nach den Grundsätzen vom Nießbrauche zu beurteilen sei, ist von großer Bedeutung bei Grundstücken, die vor der Zwangsversteigerung gesichert sind (zu vgl. oben § 28 I 1 a). Da wird sich der Verwalter beim Gerichte zu erkundigen haben, ob sich inzwischen eine feste Meinung bei den Gerichten gebildet habe. So lange das nicht geschehen ist, oder wenn sich die Gerichte, insbesondre das Reichsgericht, für Anwendung der Vorschriften über den Nießbrauch entscheiden sollten, würde der Verwalter zu Vermietungen oder Verpachtungen, die für eine längere Zeit gelten sollen, denjenigen als Mitvermieter oder Mitverpächter zu gewinnen suchen müssen, der nach der Aufhebung der Verwaltung voraussichtlich die Verfügung über das Grundstück haben wird; also den Schuldner oder dessen voraussichtlichen Nachfolger oder beide. Diese werden hierzu meist leicht zu bestimmen sein, denn je vorteilhafter der Verwalter vermietet oder verpachtet, desto schneller wird der Gläubiger befriedigt, desto früher also auch die Zwangsverwaltung beendigt.

Der Verwalter wird auch dann, wenn der Schuldner nach der Ansicht der Gerichte an die Dauer der vom Verwalter geschlossenen Miet- und Pachtverträge gebunden sein sollte, Verträge auf längere Zeit thunlichst nur mit Zustimmung des Schuldners schließen. Das ist ein Gebot der Billigkeit. Freilich muß vor allem der Zweck der Verwaltung im Auge behalten werden. In Preußen darf der Verwalter Miet- oder Pachtverträge ohne Zustimmung des Schuldners nicht auf länger als ein Jahr schließen; nur mit Zustimmung des

Gerichts darf er darüber hinausgehen (Preuß. Instr. § 6 Abs. 3).

§ 30. Gewinnung der Erträgnisse. 2. Behandlung der bestehenden Rechtsverhältnisse.

I. Die bestehenden Pacht- und Mietverhältnisse hat der Verwalter daraufhin zu prüfen, ob sie dem Zwecke der Verwaltung entsprechen. Es kommt dabei insbesondre auf den Inhalt der Verträge an, auf die Zahlungsfähigkeit und Zahlungswilligkeit der Mieter und Pächter, auf deren Verhalten im Grundstücke. Sind die bestehenden Verhältnisse unzweckmäßig, so fragt sich's weiter, ob sie beseitigt werden können. Das richtet sich danach, ob dem Schuldner ein Kündigungsrecht zusteht; ein solches Recht könnte der Verwalter ausüben.

Findet aber auch der Verwalter, daß ein bestehendes Vertragsverhältnis unzweckmäßig ist, und daß es gekündigt werden kann, so bleibt noch mehr zu prüfen. Nicht selten wird die Fortdauer des unzweckmäßigen Verhältnisses das kleinere Übel sein. Der Verwalter hat vor Ausübung des Kündigungsrechts namentlich zu erwägen, ob er Aussichten auf bessere Vermietung oder Verpachtung habe, insbesondre mit Rücksicht darauf, daß er den neuen Mietern oder Pächtern vielleicht die Vertragsdauer nicht gewährleisten könnte (oben § 29 I und II). Auch ist zu überlegen, ob etwa die voraussichtliche Dauer der Verwaltung so kurz ist, daß eine Kündigung keinen Nutzen haben könnte. Doch kann auch dann, wenn eine Verbesserung der Verwaltungserträgnisse nicht zu erwarten ist, die Verantwortlichkeit dem Schuldner gegenüber den Verwalter zur Kündigung nötigen.

II. Nimmt der Verwalter eine Kündigung vor, so hat er dafür zu sorgen, daß sowohl sie selbst als auch ihre Rechtzeitigkeit beweisbar sei. Auch muß er vorher oder gleichzeitig dem Mieter oder Pächter seine Legitimation vorzeigen; sonst könnte dieser die Kündigung zurückweisen. Allerdings wäre das nur wirksam, wenn er es unverzüglich thäte.

III. Räumungsklagen kann der Verwalter nicht nur gegen Mieter oder Pächter, sondern auch gegen deren Untermieter oder Unterpächter erheben (BGB. § 556 Abs. 3, § 581). Zur Entscheidung ist, wenn es sich nicht um Pacht, sondern um Miete handelt, das Amtsgericht zuständig. Dasselbe gilt, wenn sich der Streit nicht auf die Räumung, sondern auf die Überlassung oder Benutzung der Räume bezieht (Ger.=Verf.=Ges. § 23 Nr. 2).

§ 31. Gewinnung der Erträgnisse. 3. Einhebung und Anlegung der Erträgnisse.

I. Bei der Einhebung der Miet= und Pachtzinsen und der sonstigen von der Verwaltung ergriffenen Ansprüche hat der Verwalter alles Zögern möglichst zu vermeiden. Saumseligkeit kann einmal die Folge haben, daß Forderungen verjähren oder sonst durch Zeitablauf erlöschen, oder daß Drittschuldner vor der Bezahlung zahlungsunfähig werden. Sodann verzögert sie die Befriedigung des Gläubigers und schiebt daher das Ende der Verwaltung hinaus. Eine solche Hinausschiebung wäre für alle Beteiligten sehr unerwünscht. Freilich giebt es Fälle, in denen mit Nachsicht eher eine Befriedigung zu erlangen ist, als mit raschem Vorgehen. Das gilt namentlich gegenüber gutwilligen, aber unbemittelten Drittschuldnern.

In Preußen gelten besondere Bestimmungen (Preuß. Instr. § 8).

II. Ist beim Beginne der Verwaltung ein Prozeß über eine Forderung anhängig, die von der Verwaltung ergriffen wird, so kann ihn der Schuldner nicht fortsetzen. Denn ihm wird durch die Beschlagnahme insbesondre auch die Verwaltung dieser Forderung entzogen. Fraglich ist aber, welche Folgerungen daraus zu ziehen seien. Man kann entweder sagen, die Sache sei so zu behandeln, als hätte der Schuldner die Prozeßfähigkeit verloren: Der Prozeß werde unterbrochen, bis der Verwalter dem Gegner von seiner Bestellung Anzeige mache oder der Gegner seine Absicht, das Verfahren fortzusetzen, dem Verwalter anzeige; die Anzeigen müßten durch Zustellung eines Schriftsatzes erfolgen; habe der Schuldner einen Prozeßbevollmächtigten gehabt, so werde zwar der Prozeß nicht unterbrochen, der Prozeßbevollmächtigte gelte aber nunmehr als Bevollmächtigter des Verwalters (CPO. §§ 241, 250, 246). Man kann aber auch sagen, es sei Sache des Prozeßgegners, geltend zu machen, daß der Schuldner nicht mehr verfügen könne, dessen Klage werde dann abgewiesen, und der Verwalter müsse einen neuen Prozeß anfangen (CPO. § 265 Abs. 3). Für welche Ansicht die Gerichte entscheiden werden, ist abzuwarten (zu vgl. oben § 29, II).

III. Forderungen, die zwar ihrer Art nach von der Verwaltung ergriffen sein könnten, im einzelnen Falle aber von ihr frei sind (zu vgl. oben §§ 15 bis 17), darf der Verwalter nicht einheben; auch dann nicht, wenn ihm die Bezahlung freiwillig angeboten wird.

IV. Von den eingehobenen Erträgnissen, insbesondre auch vom Erlöse verwerteter natürlicher Früchte, kann der Verwalter auch selbst wieder Ertrag ziehen: Soweit sie nicht zur Bestreitung von Ausgaben bereit zu halten sind, hat er sie zinsbar anzulegen, und zwar mündelmäßig. In Preußen hat er darüber die Bestimmung des Gerichts einzuholen (Preuß. Instr. § 17).

§ 32. Ausgaben der Verwaltung. Mittel zu ihrer Bestreitung.

I. Zu den Ausgaben der Verwaltung gehören z. B. diejenigen, die durch Ausbesserungen, durch Instandsetzung des Grundstücks für die ordnungsmäßige Benutzung, durch Versicherungsverträge entstehen; aber z. B. auch die dem Verwalter zukommende Vergütung (oben § 8) und die Kosten der von ihm geführten Prozesse, soweit sie nicht vom Gegner erlangt werden. Bei unmittelbarer Verwaltung kommen deren Kosten hinzu, insbesondere die Gehalte und Löhne des vom

Verwalter beschäftigten Personals, der Kaufpreis für die anzuschaffenden Düngemittel, Futtervorräte, Rohstoffe u. dgl. m.

II. Die Kosten des Verfahrens, d. h. die dem Gerichte zukommenden Kosten, stehen den Ausgaben der Verwaltung gleich; jedoch mit Ausnahme derjenigen, die durch die Anordnung des Verfahrens oder den Beitritt eines Gläubigers entstehen (RGes. § 155 Abs. 1).

In Sachsen werden mit Ablauf jedes Verwaltungsjahres die bis dahin erwachsenen Gerichtskosten fällig; das letzte Verwaltungsjahr endigt mit der Aufhebung des Verfahrens (§ 35 des sächs. Ges. vom 21. Juni 1900, GVBl. S. 336). In Bayern gilt dasselbe (Art. 7 und 12 des bayerischen Gesetzes über das Gebührenwesen, in der Fassung vom 6. Juli 1892, verbunden mit Art. VII des Ges. vom 9. Juni 1899, S. 169 der Beilage zum Landtagsabschied). In Preußen gilt nur von den Gebühren dasselbe (§ 131 Abs. 1, § 130 Abs. 1 Satz 2 des preuß. Gerichtskostengesetzes, Gesetzsammlung v. J. 1899 S. 370 flg).

Schreibgebühren für Abschriften und Ausfertigungen, die sich der Verwalter etwa vom Gerichte geben läßt, sind in Sachsen und Bayern sofort zu bezahlen (Reichsgerichtskostengesetz § 97 Abs. 1, sächs. Ges. § 35 Satz 2, bayerisches Gesetz Art. 7). In Preußen werden alle Auslagen mit ihrer Entstehung fällig (preuß. Gesetz § 11, § 119 Satz 2).

III. Die Verwaltungsausgaben und die ihnen gleichstehenden Kosten hat der Verwalter aus den Nutzungen des Grundstücks vorweg zu bestreiten (§ 155 Abs. 1 des RGes.). Außerdem steht ihm dazu der Vorschuß zur Verfügung, den ihm der Gläubiger in der vom Gerichte zu bestimmenden Höhe zu bestellen hat (§ 161 Abs. 3 des RGes.; § 40 des sächs. Gesetzes — oben unter II Abs. 2 —; Art. 20 des bayerischen Gesetzes in der Fassung des Art. XI des Ges. vom 9. Juni 1899, S. 170 der Beilage zum Landtagsabschied; preuß. Gerichtskostengesetz in der Fassung vom 6. Oktober 1899 § 6 Abs. 1 Satz 1, § 119 Satz 2, Gesetzsammlung S. 327,

366). Zur Erlangung des Vorschusses hat sich der Verwalter an das Gericht zu wenden; ebenso, wenn der erste Vorschuß nicht ausreicht, also eine Erhöhung erforderlich wird.

IV. Wird das Verfahren für mehrere Gläubiger betrieben, so kann es vorkommen, daß gewisse Verwaltungserträgnisse nur für einen von ihnen verwendet werden dürfen (zu vgl. unten § 38 III 2 a). An sich können die Ausgaben der Verwaltung und die ihnen gleichstehenden Kosten des Verfahrens, da sie allen Gläubigern zu Gute kommen, auch aus solchen Verwaltungserträgnissen bestritten werden. Doch sind die Erträgnisse, an die sich alle Gläubiger halten können, zur Bestreitung jener allgemeinen Aufwendungen zunächst zu benutzen.

§ 33. Rechnungslegung.

Der Verwalter hat dem Gläubiger und dem Schuldner jährlich sowie nach Beendigung der Verwaltung Rechnung zu legen. Er hat aber die Rechnung nicht ihnen unmittelbar zu übergeben, sondern bei Gericht einzureichen. Dieses prüft sie zuerst selbst und kann vermöge seines Aufsichtsrechts Verbesserung etwaiger Mängel verlangen. Dann legt es die Rechnung dem Gläubiger und dem Schuldner vor. Findet sie der Gläubiger oder der Schuldner immer noch mangelhaft, so kann er die Aufsichtsgewalt des Gerichts anrufen; er kann aber auch im ordentlichen Prozesse auf Verbesserung klagen.

Gegen die Entscheidungen, die das Gericht Aufsichtswegen bei Prüfung der Rechnung trifft, steht nicht nur dem Gläubiger und dem Schuldner, sondern auch dem Verwalter die Erinnerung nach CPO. § 766 und, falls diese erfolglos bleibt, die sofortige Beschwerde zu (zu vgl. oben § 9).

Die Rechnung besteht in einer geordneten Zusammenstellung der Einnahmen und Ausgaben. Soweit Belege erteilt zu werden pflegen, sind sie beizufügen (BGB. § 259).

Zu vgl. die Anmerkung zur Anlage B.

§ 34. Aktenhaltung und Buchführung.

I. Der Verwalter hat Akten zu halten; und zwar, wenn er mehrere Verwaltungen führt, für jede Verwaltung besondere Akten. Sie sind nach der Zeitfolge zu ordnen, mit Blattzahlen oder Seitenzahlen zu versehen und zu heften. In die Akten sind insbesondre aufzunehmen die Verzeichnisse der bei der Besitzergreifung vorgefundenen, von der Beschlagnahme ergriffenen Sachen oder, wenn die Verzeichnisse zu den Gerichtsakten kommen, Abschriften davon; dann die Entwürfe der schriftlichen Erklärungen, die der Verwalter über Verwaltungsangelegenheiten dem Gerichte oder Beteiligten abgegeben hat; die schriftlichen Erklärungen über Verwaltungsangelegenheiten, die ihm zugegangen sind; kurze Nachrichten über das Ergebnis der Besprechungen, die er gehabt hat.

Zu den Akten kommen auch die Beweisurkunden, die sich der Verwalter verschafft hat; insbesondre Vertragsurkunden, Quittungen u. dgl. Doch sind diese Urkunden nicht einzuheften; denn entweder werden sie nach der Beendigung der Verwaltung dem Eigentümer des Grundstücks auszuhändigen oder sie werden den vom Verwalter gelegten Rechnungen als Belege beizufügen sein. Der Verwalter wird daher einige größere Briefumschläge in die Akten einzuheften und die Urkunden darin unterzubringen haben. Auf der Außenseite jedes solchen Umschlags ist zu vermerken, was für Urkunden darin enthalten sind. Giebt der Verwalter solche Urkunden heraus, so wird er dem Vermerk eine Nachricht hiervon beifügen, bei wichtigen Urkunden aber, die er an Privatpersonen herausgiebt, dem Vermerk eine kurze Quittung beischreiben lassen.

II. Der Verwalter hat Bücher zu führen. Bei unmittelbarer Verwaltung (vgl. oben § 20), richtet es sich nach der Art und dem Umfange des Betriebs, was zu ordentlicher Buchführung gehört. Unter Umständen kann kaufmännische Buchführung nötig sein.

Für den Fall, daß das Grundstück durch Vermietung

oder Verpachtung genützt wird, bestehen in Preußen eingehende Vorschriften über die Buchführung des Verwalters (Preuß. Instr. §§ 20 bis 29). In Rechtsgebieten, wo solche Vorschriften nicht bestehen, wird für jede Verwaltung ein übersichtliches Einnahmebuch und ein übersichtliches Ausgabebuch genügen (zu vgl. Anlage A und Anlage B).

§ 35. Anhang. Verwaltung von Grundstücksanteilen.

Gegenstand der Zwangsverwaltung ist, wenn dem Schuldner das Eigentum am Grundstücke mit Anderen zusammen nach Bruchteilen zusteht, nur sein Anteil. Der Verwalter kann dann nicht mehr Rechte ausüben als der Schuldner hat: Er ist an das Verhältnis zwischen den Miteigentümern gebunden und nur insoweit zur Mitwirkung bei der Verwaltung befugt, wie es der Schuldner gewesen wäre. Gegenstand des Verteilungsverfahrens ist dann der dem Schuldner zukommende Anteil am Reinertrage des Grundstücks.

V. **Verteilungsverfahren.**

§ 36. Berichtigung der öffentlichen Lasten.

Der Verwalter hat die laufenden Beträge (oben § 4) der öffentlichen Lasten des Grundstückes ohne weiteres Verfahren zu berichtigen. Das bestimmt der § 156 des Reichsgesetzes in seinem ersten Absatze. Dabei ist jedoch vorausgesetzt, daß nach Berichtigung der vorgehenden Ansprüche die Bestände des Verwalters dazu ausreichen. Es gehen nicht nur die Verwaltungsausgaben und die ihnen gleichstehenden (oben § 32) Kosten des Verfahrens vor, sondern auch zwei Gruppen anmeldungsbedürftiger Ansprüche. Es haben nämlich vor den laufenden Beträgen der öffentlichen Lasten in der Zwangsverwaltung den Vorrang (§ 10 Abs. 1, § 155 Abs. 2 des RGes.):

a. Der Anspruch des Gläubigers auf Ersatz seiner Auslagen zur Erhaltung oder nötigen Verbesserung des Grundstücks;

b. bei einem land- oder forstwirtschaftlichen Grundstücke die Ansprüche der zur Bewirtschaftung des Grundstücks oder zum Betrieb eines mit dem Grundstücke verbundenen land- oder forstwirtschaftlichen Nebengewerbes angenommenen, in einem Dienst- oder Arbeitsverhältnisse stehenden Personen, insbesondre des Gesindes, der Wirtschafts- und Forstbeamten, auf Lohn, Kostgeld und andere Bezüge, wegen der laufenden Beträge wiederkehrender Leistungen. Bei der Zwangsverwaltung von Bergbaurechten (Bergwerkseigentum) gilt in Sachsen, Preußen und Bayern dasselbe von den Ansprüchen der zum Betriebe des Bergbaus angenommenen, in einem Dienst- oder Arbeitsverhältnisse stehenden Personen, insbesondre der Bergarbeiter und Bergbeamten, auf die laufenden Beträge derselben Bezüge (sächs. Ges. vom 20. Juni 1898 Art. II Nr. 1, § 169 i GVBl. S. 204 flg.; preuß. Ausf. Ges. zum RGes. Art. 17 Abs. 1, Gesetzsammlung v. J. 1899 S. 295; Art. 38 des bayerischen Ausf. Ges. zur Grundb.-O. u. s. f., S. 132 der Beilage zum Landtagsabschied von 1899).

Zur genaueren Bestimmung dieser beiden Arten von vorgehenden Ansprüchen ist noch anzugeben, wie sie sich von den Ausgaben der Verwaltung unterscheiden. Denn diese sind, wie schon bemerkt wurde, vom Verwalter aus den Nutzungen des Grundstücks vorweg, also außerhalb des Teilungsverfahrens und mithin ohne Anmeldung, zu berichtigen (oben § 32).

Bei Ausgaben zur Erhaltung oder nötigen Verbesserung des Grundstücks kommt es darauf an, wer sie bestreitet. Bestreitet sie der Verwalter, so hat er sie aus den Nutzungen vorweg zu entnehmen. Dies gilt auch dann, wenn sie der Verwalter zunächst mit Mitteln berichtigt, die vom Gläubiger zu diesem Zwecke vorgeschossen worden sind. Bestreitet aber der Gläubiger die Ausgaben unmittelbar, so hat er seinen Anspruch auf Ersatz im Verteilungsverfahren anzumelden.

Der Gesindelohn und die Ansprüche, die oben unter b. als ihm gleichstehend genannt worden sind, gehören insoweit zu den Ausgaben der Verwaltung, als sie Vergütung für Arbeit sind, welche die Berechtigten dem Verwalter geleistet haben. Soweit die Ansprüche darüber hinausgehen, insbesondre soweit sie auf die Zeit vom letzten Fälligkeitstermine vor der Beschlagnahme bis zu dieser selbst zu rechnen sind, müssen sie im Verteilungsverfahren angemeldet werden (RGes. § 156 Abs. 2 Satz 4, § 114; § 13 Abs. 1, § 146 Abs. 1, § 155 Abs. 2).

§ 37. Anzeigen an das Gericht.

I. Sind Überschüsse der Verwaltung über deren Ausgaben und über die diesen gleichstehenden Kosten (oben § 32) vorhanden, und werden sie auch nicht durch Berichtigung der laufenden Beträge öffentlicher Lasten aufgebraucht, so hat dies der Verwalter dem Gericht anzuzeigen.

Bei Prüfung der Frage, ob solche Überschüsse vorhanden seien, hat der Verwalter Folgendes zu beachten:

1. Vom Zuschlag an gebühren dem Ersteher die Nutzungen und trägt er die Lasten (RGes. § 56 Satz 2). Die natürlichen Früchte also, die voraussichtlich erst nach dem Zuschlage vom Grundstücke getrennt werden, z. B. Getreide, das erst nach dem Zuschlage gehauen wird, gehören nicht zu den für den Verwalter verfügbaren Nutzungen. Dasselbe gilt von sonstigen trennbaren Bestandteilen des Grundstücks, die voraussichtlich erst nach dem Zuschlage getrennt werden, z. B. von Kohlen, Lehm, Torf u. s. w.

Bei Forderungen, die von der Beschlagnahme ergriffen sind, kommt es grundsätzlich darauf an, ob sie vor oder nach dem Zuschlage fällig werden. Dieser Grundsatz ist jedoch gerade in den wichtigsten Fällen, nämlich bei Miet- und Pachtzinsen und andern regelmäßig wiederkehrenden Erträgen, z. B. Reallastenleistungen, nicht anwendbar; in allen diesen

Fällen kommt es darauf an, auf welche Zeit sie zu rechnen sind, ob auf die Zeit vor oder nach dem Zuschlage (BGB. § 101). Ist also die Miete auf die Zeit vom 1. Oktober bis 31. Dezember 1902 am 1. Oktober an den Verwalter bezahlt worden, so hat dieser, wenn am 1. November der Zuschlag erteilt wird, zwei Dritteile von ihr dem Ersteher herauszuzahlen.

Andrerseits trägt der Ersteher vom Zuschlag an die Lasten. Dabei sind die regelmäßig wiederkehrenden Lasten nach dem Verhältnis der Dauer der Verpflichtung, andere Lasten aber nach dem Zeitpunkte der Fälligkeit zu verteilen. Hat also der Verwalter, nachdem am 31. März 1902 die Beschlagnahme erfolgt war, die sächsische Grundsteuer nur auf die Zeit vom 1. Februar bis 1. August 1902 bezahlt, so muß er, wenn am 1. November 1902 der Zuschlag erteilt wird, dem Ersteher die Hälfte des auf den nächsten Grundsteuertermin zu rechnenden Betrags vergüten. Dieser Betrag ist daher von den Überschüssen der Verwaltung abzurechnen (BGB. § 103).

Zum Ersatz von Verwendungen, die vor dem Zuschlage gemacht sind, ist der Ersteher nicht verpflichtet (RGes. § 93 Abs. 2).

Aus der Buchführung und aus der Rechnungslegung des Verwalters muß hervorgehen, welche Einnahmen und Ausgaben ihm selbst und welche dem Ersteher zukommen (zu vgl. unten Anlage A und B).

2. Wird die Verwaltung nicht infolge des Zuschlags, sondern aus andern Gründen aufgehoben, so kommt demjenigen, dem nunmehr das dingliche Nutzungsrecht am Grundstücke zufällt (z. B. dem Eigentümer, Nießbraucher), von der Aufhebung an dieselbe Stellung zu, wie vom Zuschlag an dem Ersteher; nur ist er nicht befreit vom Ersatz der Verwendungen.

II. Dem Verwalter wird die Bestimmung des Verteilungstermins zugestellt (RGes. § 156 Abs. 2 Satz 3).

Er wird also zur Aufstellung des Teilungsplans zugezogen. Er wird hierbei insbesondre dem Gericht Anzeige davon zu erstatten haben, daß etwa der Anspruch eines Beteiligten befriedigt oder sonst weggefallen ist.

§ 38. Vornahme gerichtlich angeordneter Auszahlungen.

I. Wer aus den Überschüssen der Verwaltung Zahlung beanspruchen kann und auf wie viel die einzelnen Forderungen gehen, entscheidet der Verwalter, soweit nicht oben im § 36 etwas Anderes gesagt ist, nicht selbst. Das Gericht stellt vielmehr einen Teilungsplan auf (RGes. § 156 Abs. 2).

II. Der Verwalter hat die Auszahlungen zu besorgen. Er zahlt aber nicht unmittelbar auf Grund des Teilungsplans aus, sondern nach einer Anordnung, die das Gericht an ihn erläßt. Auch ist es Sache des Gerichts, diejenigen Ergänzungen dieser Anordnung vorzunehmen, die infolge des Beitritts von Gläubigern nötig werden (RGes. § 157 Abs. 1 Satz 1). Doch ist dem Verwalter schon der Beschluß zuzustellen, durch den der Beitritt eines Gläubigers zugelassen wird (RGes. § 151 Abs. 2). Der Verwalter hat also sofort Kenntnis vom Beitritt und wird daraufhin die Änderung der gerichtlichen Anordnung, wenn sie das Gericht nicht aus eignem Antriebe vornimmt, anregen können. Übrigens wird durch einen Beitritt in der Regel keine Änderung in dem Range der zu befriedigenden Ansprüche herbeigeführt. Denn der Beitretende tritt mit seiner Hauptforderung, mit den rückständigen Zinsen u. dgl. und mit den Kosten hinter die bisherigen Gläubiger zurück, selbst wenn diese nur persönliche Gläubiger sein sollten und er eine gute Hypothek hätte (RGes. § 10 Abs. 1 Nr. 5, § 11 Abs. 2, § 155 Abs. 2); wegen der laufenden Beträge seiner Ansprüche auf wiederkehrende Leistungen aber (oben § 4) ist er schon vor dem Beitritte nach seiner Rangstelle zu befriedigen gewesen, mindestens wenn er die Ansprüche angemeldet hat (RGes. § 156 Abs. 2 Satz 4, § 114 Abs. 2; § 155 Abs. 2).

Unter Umständen tritt an die Stelle des Teilungsplans eine außergerichtliche Einigung der Beteiligten (RGes. §§ 160, 143 bis 145). Für den Verwalter aber hat das keine Bedeutung: Auch auf Grund einer solchen Einigung erläßt das Gericht eine Anordnung zur Auszahlung, und für den Verwalter ist diese Anordnung entscheidend.

III. Der gerichtliche Teilungsplan hat bei der Zwangsverwaltung nicht dieselbe Beschaffenheit wie bei der Zwangsversteigerung: In einer Zuweisung bestimmter Beträge an die einzelnen Berechtigten kann er nicht bestehen. Er wird möglichst bald nach Beginn des Verfahrens für dessen ganze Dauer aufgestellt (RGes. § 156 Abs. 2 und 3); zur Zeit der Aufstellung ist also dem Gerichte nicht bekannt, welche Beträge verfügbar sein werden. Der Teilungsplan kann daher nur die aus dem Grundstück zu befriedigenden Ansprüche, ihren Betrag, ihren Rang und ihre Fälligkeit angeben. Die Bemessung des Betrags, der für den einzelnen Anspruch verfügbar ist, liegt dem Verwalter ob (RGes. § 157 Abs. 1 Satz 2). Dieser hat dabei Manches zu beachten.

1. Zunächst muß er bedenken, wieviel Mittel ihm überhaupt zur Verfügung stehen. Hierüber ist das Nötige schon oben im § 37 unter I gesagt worden.

2. Bei Prüfung der Frage, welche Mittel für den einzelnen Anspruch zur Verfügung stehen, ist namentlich Folgendes zu beachten:

a. Einzelne Verwaltungserträgnisse dürfen möglicherweise nicht zu Gunsten aller Gläubiger, sondern nur für bestimmte Gläubiger verwendet werden. Das kann einmal daran liegen, daß einzelne Gläubiger Hypotheken, Grundschulden oder Rentenschulden am Grundstück haben, andere nicht; sind z. B. Versicherungsgelder ohne Beachtung der Rechte der dinglichen Gläubiger vor der Beschlagnahme an den Schuldner bezahlt worden, so ist die Zahlung zwar den persönlichen Gläubigern gegenüber wirksam, für die dinglichen Gläubiger aber hat der Verwalter den Betrag nochmals einzufordern (zu vgl. oben § 17). Weiter wird hier wichtig, daß die Beschlagnahme für die verschiedenen Gläubiger zu verschiedenen Zeitpunkten wirksam wird (oben § 3): Verfügungen, die zwischen solchen Zeitpunkten über die von der Beschlagnahme ergriffenen Gegenstände getroffen werden, können dem einen Gläubiger gegenüber wirksam, dem andern Gläubiger gegenüber unwirksam sein (zu vgl. oben §§ 12 bis 17). Auch der Grundsatz, daß solche Verfügungen über Miet- oder Pachtzins dem Verwalter gegenüber unwirksam sind, die sich auf eine spätere Zeit beziehen, als das bei der Beschlagnahme laufende und das unmittelbar folgende Kalendervierteljahr (oben § 16), hat für die verschiedenen Gläubiger unter Umständen verschiedene Wirkungen.

Bleibt von den Beträgen, die nur für bestimmte einzelne Gläubiger verwendet werden dürfen, nach deren Befriedigung etwas übrig, so ist es dem nunmehr darauf Berechtigten zurückzugewähren.

b. Der Verwalter hat vor Befriedigung jedes Anspruchs zu prüfen, ob etwa dadurch Mittel aufgebraucht werden, die zur Deckung der Verwaltungsausgaben und der diesen gleichstehenden Gerichtskosten (oben § 32) und zur Tilgung der im Range vorgehenden, wenn auch vielleicht später fällig werdenden Ansprüche, erforderlich sind. Diese Prüfung erfordert Vorsicht, namentlich da die laufenden Beträge wiederkehrender Leistungen nicht selten zu verschiedenen Zeiten fällig werden. Doch darf der Verwalter die Vorsicht nicht übertreiben: Er darf nicht die Befriedigung der laufenden Bezüge des Beteiligten, der an zweiter Rangstelle steht, so lange aufschieben, bis die Befriedigung der laufenden Bezüge des Vorberechtigten durch schon vorhandene Geldmittel für alle Zeiten gesichert ist, sondern darf und muß mit den künftigen Verwaltungserträgnissen rechnen, wenn solche mit ausreichender Sicherheit erwartet werden können. Er muß auch, um Zinsen zu sparen, so bald als möglich auf Kapitalzahlungen Bedacht nehmen.

IV. Bei Vornahme der Auszahlungen hat der Verwalter die Legitimation des Empfängers zu prüfen und Quittung zu verlangen. Die Prüfung der Legitimation hat sich darauf zu beschränken, ob der Empfänger derjenige sei, an den nach der gerichtlichen Zahlungsanordnung Zahlung zu leisten ist. Ob dessen Recht noch fortdauere, bedarf nur ausnahmsweise der Prüfung; insbesondre dann, wenn nur gegen Aushändigung gewisser Wertpapiere zu zahlen ist. Darüber wird die gerichtliche Anordnung Auskunft geben.

V. Wird im Teilungsplan ausgesprochen, daß für einen zugeteilten Betrag die Person des Berechtigten unbekannt sei, so hat der Verwalter den zugeteilten Betrag zu hinterlegen (RGes. § 156 Abs. 2 Satz 4, § 126, § 157 Abs. 2).

Hinterlegungsstellen sind in Sachsen die Amtsgerichte (§ 102 des Gesetzes vom 15. Juni 1900, GVBl. S. 290). In Preußen sind als Hinterlegungsstellen die Bezirksregierungen bestimmt, in Berlin außerdem die Ministerial-, Militär- und Baukommission, in der Provinz Hannover die Finanzdirektion in Hannover und die Landdrosteien in Lüneburg und Osnabrück (Hinterlegungsordnung vom 14. März 1879, §§ 1 und 2, Gesetzsammlung S. 249; Allgem. Verfügung vom 31. Juli 1879 JMBl. S. 216 flg.). In Bayern sind für die Hinterlegungen des Verwalters zunächst die Amtsgerichte Hinterlegungsstellen; doch kann für einzelne Amtsgerichtsbezirke die Besorgung des Hinterlegungswesens der Kgl. Bank übertragen werden (VO. vom 18. Dezember 1899, § 46 und Überschrift vor § 1, GVBl. S. 1044, 1033; Art. 76 des Ausf.-Ges. zum Ger.-Verf.-Ges. vom 23. Februar 1879, GVBl. S. 293).

VI. Ist so viel Teilungsmasse vorhanden, daß eine Zahlung auf das Kapital einer Hypothek oder Grundschuld oder auf die Ablösungssumme einer Rentenschuld erfolgen kann, so hat der Verwalter beim Gerichte die Bestimmung eines Termins zu dieser Zahlung zu beantragen. Ueber die

Zahlung wird dann ein gerichtliches Protokoll aufgenommen, damit das Gericht, das daraufhin die Löschung der Hypothek, Grundschuld oder Rentenschuld herbeiführen soll, hierfür eine sichere Grundlage habe (RGes. § 158).

VI. Ende der Verwaltung.

§ 39.

I. Das Verfahren hat sein natürliches Ende, wenn sämtliche Gläubiger aus den Erträgnissen der Verwaltung befriedigt sind. Es wird dann vom Gericht aufgehoben. In der Regel hat der Verwalter alle Verwaltungserträgnisse, die er zu dieser Zeit noch besitzt, auf Grund der Rechnung, die er nach Beendigung der Verwaltung zu legen hat, also nach Abzug der Verwaltungskosten, dem Schuldner auszuliefern. Ist jedoch bis zuletzt ein Gläubiger beteiligt gewesen, der Befriedigung aus dem Grundstücke lediglich im Wege der Zwangsverwaltung suchen kann (vgl. oben § 28 I 1 a), so sind möglicherweise zur Zeit der Aufhebung des Verfahrens Ansprüche auf laufende Beträge wiederkehrender Leistungen noch unbefriedigt. In Sachsen sind diese dann aus der noch vorhandenen Masse zu befriedigen (§ 27 Abs. 2 des Gesetzes vom 18. Juni 1900, GVBl. S. 317). In andern Rechtsgebieten ist abzuwarten, wie sich die Gerichte zu dieser Frage stellen werden.

Wird das Verfahren auf Grund des Zuschlags in der Zwangsversteigerung aufgehoben, so hat der Verwalter diejenigen Nutzungen, auf die der Ersteher keinen Anspruch hat, ebenso zu verwenden, als ob das Verfahren noch fortdauerte; nur daß natürlich solche Zahlungen nicht zu machen sind, die nunmehr dem Ersteher obliegen. Es kann hier sogar, wenn der Verwalter einmal Nutzungen gezogen oder solche Nutzungen, die auf die Zeit der Verwaltung zu rechnen sind (oben § 37 I), noch zu ziehen hat, das ganze Verteilungsverfahren noch nach der Aufhebung des Verfahrens stattfinden. Denn der Fortsetzung des Verfahrens steht nur das Eigentum des Erstehers am Grundstücke entgegen, und dieses Hindernis ist nur insoweit zu beachten, als es wirksam ist. Wenigstens ist der gerichtliche Aufhebungsbeschluß so lange in diesem Sinne aufzufassen, als nicht ein anderer Wille des Gerichts erkennbar wird.

Wird dagegen das Verfahren aufgehoben, weil der Gläubiger anderweit Befriedigung erhalten oder den Vollstreckungsantrag zurückgenommen hat, oder weil sonstige prozessuale Gründe (CPO. §§ 775 flg.) der Fortsetzung entgegenstehen, so wird der Verwalter die Erträgnisse sofort herauszugeben haben und nur die schon entstandenen Verwaltungsausgaben sowie die ihnen gleichstehenden Kosten (oben § 32) abziehen dürfen. Zu diesen Ausgaben gehören aber auch die Lasten, die der Verwalter zwar noch nicht bezahlt hat, zu deren Bezahlung er aber deshalb verpflichtet ist, weil sie auf die Zeit der Verwaltung zu rechnen sind (oben § 37, I).

Erfährt der Verwalter, daß die Gläubiger außerhalb des Verfahrens befriedigt oder ihre Ansprüche sonst erloschen sind, so hat er dies dem Gerichte anzuzeigen; das Gericht wird dann die Aufhebung des Verfahrens herbeiführen (Preuß. Instr. § 15).

II. Beim Ende der Verwaltung ist aber auch über andere Dinge Beschluß zu fassen, als über die Verwendung der bisherigen Erträgnisse.

1. Ob der Verwalter Bestellungen auf fortlaufende Lieferungen (von Gas, Wasser u. dgl. m.) rückgängig zu machen oder ob er die Verfügung hierüber dem Eigentümer zu überlassen hat, richtet sich nach den Verhältnissen. Der Verwalter muß sich hierbei vergegenwärtigen, daß er dem Eigentümer verantwortlich ist.

2. Unvollendete Geschäfte hat der Verwalter so lange fortzusetzen, bis derjenige, den sie seit der Aufhebung des Verfahrens angehen, anderweit Fürsorge treffen kann (BGB. § 672).

3. Anhängige Prozesse hat der Verwalter zu Ende zu führen (Entsch. des Reichsgerichts in der Jur. Wochenschrift 1892 S. 333 Nr. 13).

4. Wird das Verfahren unter Umständen aufgehoben, unter denen der Anspruch auf Herausgabe der Gegenstände der Verwaltung dem Schuldner zusteht, so kann der Verwalter die Gegenstände so lange zurückhalten, bis er wegen der Ausgaben der Verwaltung und wegen der ihnen gleichstehenden Kosten befriedigt ist (Näheres s. in BGB. §§ 273 flg.), wenn sich nicht aus der Sachlage etwas Anderes ergiebt, insbesondre etwa die Zwangsverwaltung deshalb aufgehoben wird, weil sie unrechtmäßiger Weise angeordnet war.

5. Die Rückgabe hat an denjenigen zu geschehen, dem der Besitz des Grundstücks zukommt (Eigentümer, Nießbraucher u. s. w.), oder an dessen gehörig legitimierten Vertreter. Der Verwalter wird sich dabei Quittung über alles dasjenige geben zu lassen haben, was er nach den bei der Besitzergreifung gemachten Aufzeichnungen (oben § 23) übernommen hat, soweit nicht inzwischen Änderungen eingetreten sind. Die Änderungen werden aus der von ihm gelegten Rechnung hervorgehen.

III. Wird das Verfahren nicht aufgehoben, sondern nur eingestellt, so bleibt die Beschlagnahme bestehen. Folglich bleibt dem Schuldner die Verwaltung und Benutzung des Grundstücks entzogen. Der Verwalter muß deshalb auch nach der Einstellung die Geschäfte vornehmen, die erforderlich sind, um das Grundstück in seinem wirtschaftlichen Bestande zu erhalten und ordnungsmäßig zu benutzen. Insbesondre hat er die laufenden Beträge wiederkehrender Leistungen weiter zu berichtigen, sei es ohne weiteres Verfahren, sei es auf Grund gerichtlicher Anordnung (oben § 36, § 38). Denn das gehört zur ordnungsmäßigen Verwaltung. Zahlungen an den Gläubiger aber, die sich nicht auf laufende Beträge (oben § 4) wiederkehrender Leistungen beziehen, dürfen nicht mehr erfolgen. Ja, selbst solche laufende Beträge dürfen nur dann an den Gläubiger bezahlt werden, wenn sie zu den Lasten des Grundstücks gehören, z. B. Hypothekenzinsen sind; nur dann ist ihre Berichtigung eine zur ordnungsmäßigen Verwaltung des Grundstücks gehörige Handlung.

Fünftes Kapitel.

Besondre Fälle der Verwaltung.

§ 40. Verwaltung auf Antrag des Konkursverwalters.

Ist über das Vermögen des Schuldners der Konkurs eröffnet, so kann auch der Konkursverwalter die Zwangsverwaltung beantragen. Dann gilt die Anordnung des Verfahrens nicht als Beschlagnahme; d. h. der Konkursverwalter, auf den die Verfügungsbefugnis des Schuldners übergegangen ist, kann über die Gegenstände, die von der Zwangsverwaltung ergriffen werden, auch weiter frei verfügen. Denn die Beschlagnahme wirkt nur zu Gunsten des Gläubigers, und in einem solchen Falle hat die Stellung des Gläubigers der Konkursverwalter; dieser kann nicht zu seinen eigenen Gunsten in der Verfügung beschränkt sein. Der Zwangsverwalter muß also die Verfügungen, die der Konkursverwalter nach der Anordnung des Zwangsverwaltungsverfahrens über die davon umfaßten Gegenstände trifft, gegen sich gelten lassen (RGes. § 173 Satz 1); sie müßten denn aus einem andern Grunde als wegen der Anordnung des Verfahrens unwirksam sein.

Das ändert sich aber, wenn der Beitritt eines Gläubigers zum Verfahren zugelassen wird; die Zulassung gilt als Beschlagnahme zu Gunsten des beitretenden Gläubigers (§§ 20, 27, 146 des Reichsgesetzes). Abgesehen hiervon hat die Zustellung der Anordnung des Verfahrens an den Konkursverwalter die Bedeutung, daß in der Regel die Grenze zwischen den laufenden Beträgen und den Rückständen der wiederkehrenden Leistungen insoweit darnach bestimmt wird, wie sonst nach der Beschlagnahme (RGes. § 173 Satz 2, § 13; zu vgl. oben § 4).

§ 41. Verwaltung für Rechnung des Erstehers.

I. Nach dem Zuschlag im Zwangsversteigerungsverfahren kann das Gericht unter Umständen das Grundstück für Rechnung des Erstehers in gerichtliche Verwaltung nehmen. Hierbei gilt für die Bestellung des Verwalters, sowie für dessen Rechte und Pflichten im allgemeinen dasjenige, was in den §§ 1 bis 39 ausgeführt worden ist. Doch giebt es keinen betreibenden Gläubiger. Es fällt daher alles weg, was auf ihn Bezug hat. Es giebt ferner keinen Schuldner; also z. B. auch kein Recht des Schuldners auf Belassung der für seinen Hausstand erforderlichen Räume. Es kann weder dem Gläubiger noch dem Schuldner Rechnung gelegt werden; Anspruch auf die Rechnungslegungen hat der Ersteher.

Wenn es auch keinen Gläubiger und mithin keine zu Gunsten eines solchen wirksame Beschlagnahme giebt, so besteht doch ein ähnliches Verhältnis. Dem Ersteher ist die Verwaltung und Benutzung des Grundstücks entzogen, weil sie eben dem Verwalter zusteht: Auf die Rechte und Pflichten des Verwalters finden die Vorschriften über die Zwangsverwaltung entsprechende Anwendung (RGes. § 94 Abs. 2).

II. Im Einzelnen ist folgendes hervorzuheben:

1. Zur ordnungsmäßigen Verwaltung gehört auch die rechtzeitige Befriedigung der Ansprüche, kraft deren Befriedigung aus dem Grundstücke verlangt werden kann. Zu einem Verteilungsverfahren kann es also auch hier kommen. Es ist auch möglich, daß Kapitalien zurückzuzahlen sind. Insbesondre kann kraft einer Kündigung, die dem Ersteher gegenüber wirksam ist (RGes. § 54), eine Hypothek oder Grundschuld zu bezahlen sein. Nachdem im Zwangsversteigerungsverfahren die Sicherungshypotheken für die Forderung gegen den Ersteher

eingetragen sind, haftet das Grundstück auch für die so gesicherten Ansprüche; auch deren Bezahlung gehört dann zur ordnungsmäßigen Verwaltung. Doch hat auch hier der Verwalter die gerichtliche Anordnung zur Zahlung unter denselben Voraussetzungen abzuwarten, wie bei der gewöhnlichen Zwangsverwaltung.

Einen gerichtlichen Termin für Kapitalzahlungen (oben § 38 VI) wird der Verwalter nicht zu beantragen haben. Soweit Kapitalzahlung geleistet ist, werden die Rechte nicht gelöscht, sondern gehen auf den Ersteher über. Das gilt auch von den Sicherungshypotheken für die Forderungen gegen den Ersteher (zu vgl. RGes. § 128 Abs. 3 Satz 2). Der Übergang der Rechte auf den Ersteher vollzieht sich von selbst, ohne Umschreibung im Grundbuche. Ob der Ersteher daraufhin das Grundbuch berichtigen lassen will, ist zunächst seine Sache. Ein gerichtliches Ersuchen an das Grundbuchamt um eine Eintragung in das Grundbuch, wofür der im § 158 Abs. 1 des Reichsgesetzes vorgesehene Termin die Unterlagen beschaffen soll, ist also nicht in Frage. Der Verwalter wird aber dafür sorgen müssen, daß ihm gegen Befriedigung des Gläubigers die im § 1144 BGB. bezeichneten Urkunden ausgehändigt werden, bei Hypotheken, Grundschulden und Rentenschulden, über die kein Brief erteilt ist, auch dafür, daß der Anspruch des Erstehers auf Umschreibung des Rechtes im Grundbuche vorgemerkt werde (BGB. § 1143, § 1163 Abs. 1 Satz 2, §§ 883 flg.). Ist der Ersteher schon als Eigentümer eingetragen, so wird es Sache ordentlicher Verwaltung und also Pflicht des Verwalters sein, das Grundbuch hinsichtlich der auf den Ersteher übergegangenen Hypotheken, Grundschulden und Rentenschulden berichtigen, also diese Rechte auf den Ersteher umschreiben zu lassen.

2. Die zur Verwaltung erforderlichen Mittel hat der Verwalter, soweit die Verwaltungserträgnisse nicht ausreichen, vom Ersteher zu fordern.

3. Überschüsse der Verwaltung hat der Verwalter zurück-

zubehalten, bis die Verwaltung aufgehoben ist, dann aber an den Ersteher abzuliefern. Inzwischen sind sie mündelmäßig anzulegen.

§ 42. Verwaltung kraft einstweiliger Verfügung.

I. Nach CPO. § 938 Abs. 2 kann eine einstweilige gerichtliche Verfügung auch in der Anordnung einer Sequestration bestehen. Auf die Vollziehung einer solchen Anordnung finden nach CPO. §§ 936, 938 die Vorschriften über die Zwangsvollstreckung entsprechende Anwendung; das sind, soweit es sich um ein Grundstück handelt, die Vorschriften über die Zwangsverwaltung.

II. Die entsprechende Anwendung dieser Vorschriften ist diejenige, die im einzelnen Falle dem Zwecke der Sequestration entspricht. Im allgemeinen wird der Verwalter zu beachten haben, daß es sich um vorläufige Sicherung eines bestehenden oder um Regelung eines einstweiligen Zustandes handelt (CPO. §§ 938, 940). Er darf also nichts thun, wodurch er der Zukunft vorgreifen würde; insbesondere muß er die Überschüsse der Verwaltung mündelmäßig anlegen, darf sie nicht einer der Parteien ausantworten.

§ 43. Verwaltung von Familienanwartschaften.

Nach den §§ 41, 50 des sächs. Gesetzes über Familienanwartschaften, vom 7. Juli 1900 (GVBl. S. 463, 466) kann die Anwartschaftsbehörde, d. i. das Oberlandesgericht, unter Umständen die Verwaltung der Anwartschaft für Rechnung des Anwartschaftsbesitzers einem Verwalter übertragen. Ist dies geschehen, so sind eine Reihe von Vorschriften, die sich zunächst auf die Zwangsverwaltung zum Zwecke der Zwangsvollstreckung beziehen, entsprechend anzuwenden; namentlich die Vorschriften über das Recht des Schuldners auf die für seinen Hausstand unentbehrlichen Räume, über die Besitzergreifung des Verwalters, über dessen Rechte und Pflichten im allgemeinen, insbesondere auch dem Gericht und den Mietern oder Pächtern gegenüber, über seine Verantwortlichkeit, über die Ausgaben der Verwaltung und die Kosten des Verfahrens (zu vgl. oben §§ 21, 23, 19, 20, 24 bis 32, 6 bis 9). An die Stelle des Schuldners tritt der Anwartschaftsbesitzer, an die Stelle des Gerichts die Anwartschaftsbehörde. Beschwerdeinstanz ist das Justizministerium. Der Reinertrag der Verwaltung kommt dem Anwartschaftsbesitzer zu.

Was unter entsprechender Anwendung der bezeichneten Vorschriften zu verstehen sei, ergiebt sich aus dem Zwecke der Verwaltung. Diese soll wesentliche Verschlechterungen der anwartschaftlichen Gegenstände oder sonstige erhebliche Gefährdungen der Rechte der Anwärter verhüten. Auf Sicherung oder Befriedigung von Gläubigern ist es also nicht abgesehen. Die Befriedigung von Ansprüchen aus Rechten, die auf dem Gegenstande der Anwartschaft haften, wird also nur insoweit zu den Pflichten des Verwalters gehören, als das Unterbleiben der Befriedigung die Rechte der Anwärter gefährden würde, also die Ansprüche den Anwärtern gegenüber wirksam sind. Die Vorschriften über das Verteilungsverfahren, das bei der Zwangsversteigerung zum Zwecke der Zwangsvollstreckung stattfindet (oben §§ 36 flg.), sind aber auch auf solche Fälle nicht für entsprechend anwendbar erklärt worden. Der Verwalter wird sich daher selbst einen Teilungsplan fertigen müssen. Doch steht er auch insoweit unter der Aufsicht der Anwartschaftsbehörde.

Soweit das Unterbleiben der Befriedigung von Ansprüchen die Rechte der Anwärter nicht gefährdet, wird der Verwalter die Befriedigung dem Anwartschaftsbesitzer zu überlassen haben. Die Beiträge zur Anwartschaftskasse und zur Familienkasse hat er aber jedenfalls zu entrichten (§ 42 Abs. 1 Satz 2, § 43 Abs. 1 Satz 2 des Gesetzes).

In Preußen kann zur Sicherung der Anwärter eine Sequestration erfolgen; daß aber hierbei Vorschriften entsprechend anzuwenden wären, die zunächst für die Zwangsverwaltung zum Zwecke der Zwangsvollstreckung gegeben sind, ist im allgemeinen nicht bestimmt. Es wird vielmehr auf Vorschriften verwiesen, die für das Verhältnis zwischen Nießbraucher und Eigentümer gelten. Die Verweisung ist jetzt auf § 1052 des BGB. zu beziehen (Art. 4 des Einf.-Gesetzes hierzu). Danach sind nur diejenigen Vorschriften entsprechend anwendbar, welche die vollstreckungsgerichtliche Aufsicht über den Verwalter betreffen (oben § 6).

In Bayern kann zur Sicherung der Anwärter vom Gericht eine Administration des Fideikommisses verfügt werden. Gesetzliche Bestimmungen darüber, wie eine solche Administration zu führen sei, giebt es nicht.

Anlage A.

Zwangsverwaltung des Grundstück

1. Verwaltungsjahr vom 20. August 190

Einnahme

Nr.	Soll-Einnahme				
	Jährlicher Betrag und Gegenstand			Zu erwartender Eingang	Vor der Beschlagnahme bezahlt b
	ℳ	₰			
1.	400	—	Jährlicher Mietzins des Maurers Friedrich Kretzschmann (Part.).	¼ jährlich voraus	30./6. 05
2.	560	—	Jährlicher Mietzins des Kaufmanns Emil Schuster (I. Stock).	¼ jährlich voraus	30./9. 05
	960	—	Summe		

Bl. 202 des Grundbuchs für K.

is 30. September 1906.

Buch.

Ist-Einnahme						Bemerkungen
Tag des Eingangs	Betrag		Wie zu verrechnen	Rückstand		
	M	Pf		M	Pf	
5./8. 05	25	—	1./7. bis 30./9. 05	75	—	Nr. 1 hat nach der Beschlagnahme für Otto Lehmann, aber vor der Beschlagnahme für Max Werner 75 M an den Schuldner bezahlt.
4./9. 05	75	—	1./7. bis 30./9. 05			
./10. 05	100	—	1./10. bis 31./12. 05			
./1. 06	80	—	1./1. bis 31./3. 06	20	—	20 M kommen dem Ersteher zu (Zuschlag 23./2. 06).
./2. 06	20	—	1./1. bis 31./3. 06			20 M do. do.
./10. 05	140	—	1./10. bis 31./12. 05			
2./1. 06	100	—	1./1. bis 31./3. 06	40	—	16 M und der Anspruch auf den Rückstand kommen dem Ersteher zu (Zuschlag 23./2. 06).
	540	—	Summe			

Anlage A (Fortsetzung).

Nr.	Soll-Einnahme				
	Jährlicher Betrag und Gegenstand			Zu erwartender Eingang	Vor der Beschla nahme bezahlt b
	M	Pf			
	960	—	Übertrag		
3.	100	—	Jährlicher Durchschnittsertrag des Obstgartens	Bis 1./11. 05	—
4.	50	—	Zu erwartender Erlös der im Keller befindlichen, auf dem Grundstücke geernteten Kartoffeln	Unbestimmt	—
	1110	—	Summe		

Anmerkung: Die Spalten der Soll-Einnahme hat der Verwalter sofort n

Ist-Einnahme							Bemerkungen
ag des ingangs	Betrag			Wie zu verrechnen	Rückstand		
	M	Pf			M	Pf	
./10. 05	540	—	Übertrag				
	89	50	Vom Käufer des Obstes Otto Häußer in Dresden	Geerntet vom 15. bis 20./9. 05			
./9. 05	52	60	Vom Käufer Otto Häußer in Dresden	Geerntet vom 5. bis 7./8. 05			
	682	10	Summe				

iner Bestellung auszufüllen. Eine Abschrift davon dient als Nutzungsverzeichnis.

Anlage B.

Zwangsverwaltung des Grundstüc

1. Verwaltungsjahr vom 20. August 190

Ausgab

1. Verwaltungsausgaben, Kosten des Verfahrens, ohne weiteres berichtigte öffentli

Soll-Ausgabe				Ist-Ausgabe				
Nr.	Jährlicher Betrag und Gegenstand			Nr. des Belegs	Zahlungstag	Betrag und Gegenstand		
	ℳ	₰				ℳ	₰	
1	100	—	Ungefährer Betrag der jährlichen Reparaturen.	III.	5./9. 05	12	—	Für Maurerarbeit an den Maurer Er Schulze.
				XII.	9./12. 05	18	70	Für Zimmermann arbeit an den Zimm mann Erwin Bäßl
				XIII.	10./12 05	14	30	Für Dachdeckerarb an den Dachdecke Richard Käfer.
				XIV.	27./1. 06	1	50	Für Schlosserarbe an den Schlosser Karl Sehmig.
2	10	—	Ungefährer Betrag der jährlichen Arbeit im Obstgarten.	IV.	22./9. 05	3	60	Für Obstpflücken den Tagelöhner Friedrich Weineck
3	10	—	Ungefährer Betrag der jährlichen Arbeit auf dem Kartoffelfeld.	II.	29./8. 05	6	40	Für Feldarbeit a den Tagelöhner Friedrich Weineck
	120	—				56	50	

…l. 202 des Grundbuchs für K.

…s 30. September 1906.

…uch.

…sten	2. Zahlungen an die Beteiligten auf Grund gerichtlicher Anordnung						
Bemerkungen	Nr.	Nr. des Belegs	Tag der Zahlung	Betrag und Gegenstand			Bemerkungen
				M	Pf		
	1	V.	1./10. 05	1	25	Laufende Darlehnszinsen an Otto Lehmann.	
				8	20	Kosten demselben.	
				2	50	Zinsrückstände demselben.	
				50	—	Stamm demselben.	
	2	VII.	1./10. 05	150	—	Laufende Hypothekenzinsen an Herbert Wünsche.	120,85 M hat der Ersteher zu erhalten ab 1./10. 05 bis 23./2. 06.
	3	VIII.	1./10. 05	20	—	Laufende Hypothekenzinsen an Max Werner.	16,04 M hat der Ersteher zu erhalten ab 1./10. 05 bis 23./2. 06.
				231	95		

Anlage B (Fortsetzung).

1. Verwaltungsausgaben, Kosten des Verfahrens, ohne weiteres berichtigte öffentli

Soll-Ausgabe				Ist-Ausgabe				
Nr.	Jährlicher Betrag und Gegenstand			Nr. des Belegs	Zahlungstag	Betrag und Gegenstand		
	ℳ	₰				ℳ	₰	
	120	—	Übertrag			56	50	Übertrag
4	20	—	Jährlicher Wasserzins.	IX.	2./10. 05	10	—	Halbjährlicher Wass zins an den Stad rath zu K.
5	50	—	Ungefährer Betrag der Vergütung für den Verwalter.	XVI.	23./2. 06	30	—	Vergütung für de Verwalter auf die Z vom 20./8. 05 bi 23./2 06.
6	55	—	Ungefährer Betrag der jährlichen Gerichtskosten.	I.	29./8. 05	—	90	Schreibgebühr.
				XIX.	26./2. 06	53	60	Sonstige Gerichts kosten.
7	10	—	Jährliche Grundsteuer.	XV.	2./2. 06	5	—	Grundsteuer auf d Termin vom 1./2. 0
8	12	—	Jährlicher Brandversicherungsbeitrag.	X.	1./10. 05	6	—	Brandversicherung beitrag auf den Te min vom 1./10. 0
9	20	—	Ungefährer Betrag unvorhergesehener Ausgaben.	VI.	1./10. 05	13	05	Zurück an den Mi ter Kretzschmann.
				XI.	3./12. 05	12	50	Kosten des Rechtsa walts Max Hauff
				XVII.	25./2. 06	206	33	Dem Ersteher.
	287	—	Summe			393	88	Summe

Anmerkung: Eine Abschrift der Ist-Einnahme der Anlage A, sowie d wenn die Belege beigefügt werden, die Rechnungslegung.

...sten	2. Zahlungen an die Beteiligten auf Grund gerichtlicher Anordnung						
Bemerkungen	Nr.	Nr. des Belegs	Tag der Zahlung	Betrag und Gegenstand			Bemerkungen
				ℳ	Pf		
				231	95	Übertrag	
10 ℳ sind auf ie Zeit vom 0. 05 bis 23./2. an den Ersteher u gewähren.	4	XVIII.	25./2. 06	26	20	Kosten an Max Werner.	
				20	—	Rückständige Zinsen an Max Werner.	
				10	07	Auf den Hauptanspruch des Max Werner.	
				288	22	Summe; dazu	
69 ℳ sind auf ie Zeit vom bis 23./2. dem steher zu zahlen. 65 ℳ sind dem rsteher zu ge- hren (Zuschlag 23./2. 06.).				393	88	Istausgabe von Spalte 1.	
				682	10	Gesammtsumme	
Einnahmebuch . 1 und 2. Aus- bebuch Spalte 1 Nr. 4, 7, 8; alte 2 Nr. 2 u. 3.							

t=Ausgabe in Spalte 1 der Anlage B und der Spalte 2 von Anlage B bildet,

Register.

Die Zahlen bedeuten die Seiten.

FSC
www.fsc.org
MIX
Papier | Fördert
gute Waldnutzung
FSC® C083411

Kolibri 360 GmbH
Ferdinand-Jühlke-Straße 7
99095 Erfurt, Deutschland
produktsicherheit@kolibri360.de